JN410625

10년의 기다림

김창수 자전 에세이

BOOK STAR

추천의 글

2005년 2월, 당사 관리지원실장으로 재직하고 있을 때 김창수 군을 처음 만났다. 또 다른 10년을 준비하기 위해 본사 근무를 지원한 첫 대면에서 남다른 삶의 열정을 느낄 수 있었다. 10년 후의 모습이 당사의 팀장이나 임원이 아니라 자신이 고향 의령에서 군민들과 나누는 삶을 살겠다는 뚜렷한 삶의 목표에 평범한 인생이 아님을 알 수 있었다.

나눔을 실천하겠다는 삶의 확고한 의지는 그것이 진실임을 하나씩 증명해주었다. 2006년 6월 사내 봉사 동호회를 만들어 나눔을 실천하고, 나눔의 의미를 홍보하고 있는 김창수 군의 삶에서 나눔으로 따뜻한 세상 만들기가 가능함을 느낄 수 있었다.

평범한 인생을 살아온 사람들은 세상과 나누며 소통하는 삶의 의미를 잘 알지 못한다. 그것은 자신의 삶에 부족함이 무엇인지 모르고 살았기에 타인의 삶에 부족함을 안다는 것이 쉽지 않은 일이기에 그러하다. 또 다른 10년의 확고한 목표를 위해 꾸준하게 말없이, 그리고 쉼 없이 전진하는 김창수 군의 삶에서 부족함을 찾아볼 수 없었다. 항상 긍정적인 사고로 불가능한 일을 가능함으로 만들어가는 솔선수범은 당사 전 직원들의 귀감이 되기에 충분했다. 삶의 고난이나 아픔이 있을 것이란 생각을 할 때도 있었지만 김창수 군의 강한 긍정의 에너지 앞에서 그러한 생각은 존재 가치를 잃었다.

지난 5월, 희소난치성 질환을 앓고 있는 동생의 수술 및 간병을 위해 회사를 휴직할 수밖에 없는 상황이라 휴직계를 제출했다는 보고를 받았다. 또한, 동생 수술 경과를 지켜본 후 동생의 몸과 비슷한 몸으로 살아가는 누나의 수술도 병행할 것이며, 수술비와 생활비 모두를 김창수 군이 책임지고 있다는 것을 알게 되었다.

6,000명이 넘는 직원들의 사생활을 속속들이 알고 그들과 함께 정을 나누며 살고 싶었지만, 그것은 이상이며 희망이지 결코 쉬운 일은 아니었다. 김창수 군은 구김살 없이 항상 환한 미소를 간직하고 생활한 직원임을 잘 알기에 휴직계가 가져다준 충격은 쉽게 가시질 않았다. 눈물겨운 인생으로 살아왔을 지난 시간 따뜻한 말 한마디 못해준 것에 대한 아쉬움에 가슴 한편이 먹먹했다.

서울대학교병원 조혈모세포 이식병동에 입원하여 어머니로부터 조혈모세포를 이식받고 퇴원하기까지 46일 동안의 눈물겨운 투병기인 《10년의 기다림》 원고를 읽으며 삶의 가치에 대해 고민해 보았다. 각자의 삶의 가치에 따라 목표를 설정하고 그것을 향해 쉼 없이 달려가며, 또한 좌절의 기로에서 포기와 선택을 반복하며 살아가는 것이 우리네 인생이다. 우리는 자신에게 주어진 역경을 극복하고 삶의 희망을 선택할 수 있는 용기 있는 사람이 되어야 한다. 하지만 얼마나 더 오랜 시간 눈물겨운 인생을 살아야 희망을 찾을 수 있을지 모르는 것이기에 절박한 현실에서 희망을 선택하는 것이 결코 쉬운 일이 아니다. 그래서 인생의 진정한 가치는 '희망'을 선택하고, '희망'에 도전하는 것이라 생각한다.

《10년의 기다림》은 두 형제의 희망 이야기다. 《운명보다 강한 열정》으로 살아온 두 형제가 10년의 기다림으로 찾아낸 또 다른 10년을 위한 희망 이야기다. 이 책은 희소난치성 질환으로 고생하고 있는 환자와 가족들에게 기필코 희망은 살아 있음을 강한 에너지로 전달해줄 것이다. 두 형제가 만들어 가는 희망 이야기는 삭막함이 더해가는 세상에 가족의 소중함을 일깨워줄 것이고, 또한 세상은 변해도 가족 사랑의 진실은 변할 수 없음을 웅변해 줄 것이다.

이 책을 통해 희망은 영원히 존재하는 삶의 진리임을 확신하고, 힘겨운 현실에 당당히 맞서 희망을 만끽하는 사람들이 많아지기를 간절히 바라는 마음이다.

(주)대우건설

서 종 욱 사장

추천의 글

남녀 간의 사랑 이야기가 넘쳐나는 세상에 살고 있다. 자극성이 강한 사랑 이야기가 사람들에게 사랑을 받는, 사랑에 목마른 세상 속에 살고 있는 것 같다. 인간의 역사가 존재하는 한 사랑 이야기는 공존할 것이고 그 비중은 확대될 것이라 생각한다.

이 책은 남녀 간의 사랑 이야기가 아니다. 그 흔한 남녀 간의 사랑이 사치스러울 정도로 절박한 삶을 살아 온 두 남자의 이야기다. 삶의 희망을 찾고자 서울대학교병원 조혈모세포 이식병동에 입원하여 46일 간의 눈물겨운 투병기의 주인공인 두 남자. 이 책의 주인공 두 남자는 대한민국 최고의 우애로 똘똘 뭉친 형제다.

10년 전 본원 혈액종양내과에서 두 형제를 처음 만났다. 희귀난치성 질환인 골수섬유화증을 앓고 있는 동생의 손을 잡고 병실에 들어선 두 형제. 지방의 대학병원에서 진료받은 기록과 방대한 양의 검사 결과를 일목요연하게 정리한 서류봉투를 건네며 살 수 있는 방법을 알려달라고 했었다. 꼼꼼히 정리된 서류를 통해 살고자 하는 두 형제의 강한 삶의 열정을 느낄 수 있었다.

골수섬유화증의 치료 방법은 조혈모세포 이식술이 최상의 방법이다. 하지만 그 당시 수술 성공 가능성이 높은 것은 아니었다. 수술 방법에 대해 충분히 설명을 했고 최종 선택은 두 형제의 몫이었다.

10년의 세월이 지났다. 2011년 3월, 본원 암병원 혈액암센터 외래에서 두 형제를 다시 만났다. 환자를 치료하다 보면 간혹 의학적인 용어로 설명할 수 없는 경우가 있다. 희귀난치성 질환인 골수섬유화증을 앓으면서 10년의 세월을 버텨오다가 지난 3월에 본원을 다시 찾아온 것이었다. 살고자 하는 삶에 대한 강한 열정과 형제간의 우애를 그대로 간직하고 다시 찾아온 두 형제는 조혈모세포 이식술을 선택했다. 지난 5월 기증자인 형제의 어머니로부터 조혈모세포를 이식받았다. 골수섬유화증 치료를 위한 조혈모세포 이식술은 치료 사례가 적기 때문에 이식 과정이나 경과에 최선의 노력과 관심을 기울여야 한다. 환자인 동생의 완쾌를 위해 환자의 형은 회사를 휴직하고 병간호에 전념했다. 입원 후 퇴원까지 46일 동안 두 형제가 보여준 살고자 하는 삶의 열정은 본원 조혈모세포 이식병동의 또 다른 희망이 되었다.

삶을 포기하고 싶을 때도 많았을 것이다. 지난 10년의 세월이 두 형제의 인생에 감당하기 힘든 과정이었을 것이다. 포기는 누구나 쉽게 선택할 수 있다. 하지만 희망을 지켜나가는 것은 누구나 선택할 수 있는 쉬운 일이 아니다. 포기를 선택하지 않고 희망을 선택한 두 형제의 이야기는 그 과정이 결코 순탄하지 않았음을 알 수 있다. 또한, 앞으로 살아갈 두 형제의 삶이 희망이라 단언할 수 없다. 하지만 두 형제에게는 희망이 있다. 그것은 살고자 하는 삶의 강한 열정이고 또한 뜨거운 형제의 우애가 있기 때문이다.

이 책은 투병 중인 환자와 가족들에게 희망의 메시지를 전달할 것이다. 자신이 희망을 버리지 않는 한 결코 희망은 자신을 버리지 않음을 일깨워줄 것이다. 조급한 마음을 버리고 희망을 준비한다면 반드시 희망을 찾을 수 있음을 이 책은 말하고 있다. 이 책이 세상 사람들에게 희망이 되어주듯 나는 두 형제에게 희망이 되어주고 싶다. 두 형제의 삶에 희망의 등불이 되어주고 싶다. 두 형제가 항상 웃어도 괜찮은 날이 올 수 있도록 그들의 삶에 희망의 싹이 되어주고 싶다.

서울대학교병원 혈액암센터 혈액종양내과

윤 성 수 교수

프롤로그

한 치 앞도 모르는 인생을 아옹다옹하며 살아가는 것이 우리네 인생입니다. 한 치 앞도 모르지만 최선을 다해 오늘에 충실하며 살아가는 것 또한 우리네 인생입니다. 시간이 돈인 줄 알고 시간에 얽매여 살아온 인생입니다. 남들보다 조금이라도 더 빨리 가야 잘사는 인생인 줄 알고 살아가는 인생에 예외일 수 있는 사람이 얼마나 될까요?

"강한 자가 살아남는 게 아니라 살아남는 자가 강하다."라는 말이 인생의 진실임을 알고 살아온 인생입니다. 하지만 이제는 그 진실이 바뀔 때가 된 것 같습니다. "살아남는 것이 중요한 게 아니라 어떻게 살아가느냐가 중요하다."라는 마음으로 인생의 주역이 될 수 있기를 간절히 바랍니다. 지난 10년을 어떻게 살아왔느냐를 생각해 보고 앞으로 10년을 어떻게 살아갈 것인가를 고민해 봅니다.

돌이켜 생각해 보면 지난 10년은 서울대학교병원 101병동을 되찾아오기 위해 돌고 돌아서 온 시간이었습니다. 10년 전엔 골수 이식술을 감히 선택하지 못했습니다. 10년 전을 다시 돌아가도 그 결정은 변함이 없을 것입니다. 그리고 10년을 돌고 돌아서 제자리로 다시 왔습니다. 이번에는 과감하게 골수 이식술(조혈모세포 이식술)을 선택했습니다. 10년의 세월은 방황의 시간이 아니라 제자리를 찾게 한 시간임을 이제는 알 수 있습니다.

101병동을 찾아서 돌아온 지난 10년의 시간은 희망을 향한 삶의 과정이지 헛되이 보낸 시간이 결코 아님을 확신합니다. 101병동은 또 다른 10년을 향한 시작인 것입니다. 혹여 지난 시간에 미련이 있다면 그 미련은 냉정하게 던져 버리길 바라는 마음입니다.

인생은 70년, 80년, 90년을 넘게 달리는 마라톤입니다. 10년을 늦게 시작해도 남은 20년, 30년, 40년, 50년을 후회 없이 보내면 되는 것입니다.

10년을 돌고 돌아서 찾아온 101병동에서 희망 이야기를 함께 나눌 수 있기를 간절히 바라는 마음으로 이야기를 시작했습니다. 보잘것없는 10년이 아니라 희망을 준비하기 위한 10년임을 확신하는 마음으로 101병동에서의 행복한 마음을 소소한 이야기로 적어보았습니다. 혹시 지난 시간을 아직도 후회하고 있다면 이 책을 통해 유효 기간이 만료된 후회는 던져버리길 부탁드립니다.

희망은 지금부터입니다. 앞으로 살아갈 이야기의 시작이 희망임을 확신하는 순간을 함께 나누고 싶습니다.

감당하기 힘든 수술과 회복 과정을 당당하게 이겨내고 건강을 되찾은 동생이 보여준 삶의 열정에 감사를 드립니다. 대한민국 최고의 인술로 동생의 건강을 되찾게 해주신 서울대학교병원 혈액암센터 혈액종양내과 윤성수 교수님과 101병동 모든 의료진들께 고개 숙여 진심으로 감사를 드립니다. 그리고 동생 병간호를 위해 휴직을 허락해 주신 대우건설 서종욱 사장님, 관심과 배려를 아낌없이 보내주신 대우건설 임직원들께 감사의 인사를 드립니다.

끝으로 보잘것없는 이야기를 책으로 엮어 출간해 주신 광문각출판사 박정태 대표님과 임직원 여러분께 감사의 인사를 드립니다.

2011년 7월

김 창 수

Contents

코끝이 찡한, 가슴이 뭉클한 형제愛

가족의 소중함을 일깨워줄 감동휴먼스토리!

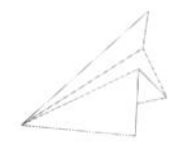

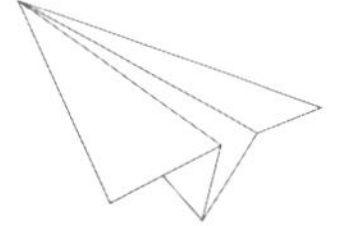

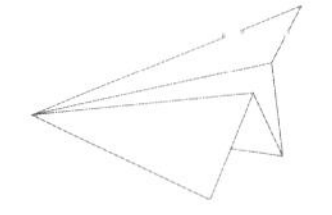

10년의 기다림

01 10년의 기다림

2011년 3월 24일 목요일, 10년의 기다림은 우리 가족에게 희망을 선물해 주었다. 가슴 조이며 보낸 10년의 시간이다. 2002년 골수 이식술 외에는 어떠한 방법도 남아 있지 않고 성공 확률은 기대할 바가 아니라는 확정 통보를 받았다.

그래도 희망은 버릴 수 없었다. 병원비 마련을 위해 국외 현장인 리비아로 출국했고 앞만 보고 달려왔다. 낮은 성공 확률에 감히 골수 이식술을 시도할 생각을 하지 못하고 보낸 시간이었다. 몸에 좋다는 것은 무엇이든 구해서 먹이고, 몸에 좋다는 방법은 어떡하던 시도해 보았다. 살아서 함께 숨 쉴 수 있음이 행복했고 감사하며 보낸 10년의 시간이다. 내일 죽을 것처럼 오늘 하루 최선을 다하는 삶을 살고자 노력한 시간이었다. 그렇게 생각했고 또한 그렇게 행동한 시간이었다.

하지만 돌이켜 생각해보면 최선을 다했다는 것은, 나 자신에 대한 합리화일 뿐 그 이상은 결코 아님을 알면서 그런 척 살아온 10년의 시간이었다. 더 좋은 방법을 찾아보고 더 좋은 선택을 할 수 있는 여지는 충분했는데, 그냥 그렇게 보내온 시간이었다. 국외로 나가서 수술에 성공했다는 사례를 매스컴을 통해 접할 때 그렇게 할 수 없다는 현실에 무작정 안주했던 10년의 시간. 항상 내 가슴 깊숙하게 자리 잡은 미안함은 결코 당당하게 말할 수 없는 내 삶의 일부분이었다.

대한민국 최고의 의술을 자랑하는 서울대학교병원에서는 희망적인 단어를 사용하지 않았지만, 그냥 우리 가족은 희망이라고 생각하고 살고 싶었던 지난 10년의 시간이었다. 그리고 우리 가족의 바람대로 잘 버텨준 시간이었다.

2011년을 맞이하는 겨울, 유난히 길고 힘든 시간을 보냈다. 할머니, 아버지, 어머니께서 각기 다른 병원에 입원을 하셨고 누나와 동생은 매주 병원을 오가며 진료와 치료를 받는 상황에 직면하게 되었다. 모든 가족의 병간호와 제반 사항을 동생이 알아서 하다 보니 희망 하나로 살아온 동생의 몸도 더는 버틸 수 없는 한계 상황에 도달하게 되었다.

가족의 생계를 책임진다는 이유로 서울에서 직장생활을 하는 것이 대단한 벼슬인 양 모든 것을 동생에서 떠맡기고 나 몰라라 지내는 시간 동안 동생의 몸은 바닥을 향해 내달리고 있었던 것이다. 그냥 모든 것이 잘되어 주기를 바라는 마음으로 지내온 시간의 답은 아주 냉혹한 현실임을 실감하는 순간 나 자신의 무능력하고 초라함을 더는 숨길 수 없는 사실이 되고 있었다. 나 자신에 대한 이유 없는 짜증이 났다. 다시금 희망을 기약하기엔 지나버린 10년의 세월이 야속하다고 생각되었고, 나 자신이 자꾸만 싫어졌다.

2011년 3월 24일, 10년 만에 서울대학교병원을 다시 찾았다. 기대를 가진 것은 아니지만 뭔가는 있을 것 같은 예감으로 다시 찾은 10년 세월의 종착역은 서울대학교병원 혈액암센터 혈액종양내과. 10년 만에 찾은 윤성수 교수님께서 나를 기억하시고는 아주 반갑게 맞이해 주신다. 동생은 잘 지내고 있냐는 말씀을 하시면서 10년 전에 말씀하신 골수 이식술이 지난 세월 동안 성공 확률이 많이 높아졌으니 수술을 진행하자는 말씀을 하신다.

교수님의 확신에 찬 긍정적인 말씀에 한동안 멍하니 그 자리에 멈춰서 있다. 내 귀를 의심하는 순간이다. 이게 꿈인지 생시인지 잠시 헷갈리다가 정신을 차린다. 혹시 부정적인 이야기를 하면 동생이 실망할까 싶어서 동생은 부산에 있고 혼자 찾아간 병원. 10년 만에 찾아간 병원에서 교수님께서 나를 기억하시고 희망의 말씀을 건네주신다. 로또 대박이 이 정도의 환희일 수 있을까!

진료실 문을 나선다. 온 세상 모두가 우리 가족을 위한 세상인 것 같다. 가슴이 벅차다. 날개가 있다면 저 하늘 높이 날아올라 이 기쁨을 온 세상에 전하고 싶다. 하늘엔 천사님이 계신 것이 분명하다. 천사님의 사랑이 우리 가족에게 희망찬 내일을 열어주고 있다. 동생에게 전화를 한다. 동생은 아직 이 엄청난 소식을 모르고 있으니 빨리 전해주고 싶다. 동생이 전화를 받는다. 피곤한지 아직 자리에서 일어나지 못한 힘없는 목소리다. "교수님께서 지금은 수술 성공 확률이 거의 100%에 가까우니 골수 이식술을 진행하자고 하신다."라고 말을 전한다. 동생은 무슨 말인지 아직 영문을 모르고 있는 느낌이다. 나는 다시 차근차근 병원에서 들은 이야기를 설명해 준다.

이야기가 꽤 길어지고 있다. 병원을 빠져나와 혜화역에 도착하고 있다. 동생은 이제야 상황을 이해하고 기쁨의 목소리로 말을 한다.

"그래도 수술비가 엄청날 것 같은데 부담되지 않을까요?"

순간 가슴 찡한 감정이 솟구친다. 이 상황에서도 병원비를 걱정하는 동생이 너무 가엾다. 너무 안쓰럽다.

"병원비는 걱정하지 말고 수술이 잘되어서 완쾌되는 날만 생각하자."

내가 너무 큰 소리로 이야기를 했나 싶다. 동생은 연신 "형, 고마워요."라는 말만 한다. 뭐가 고마운지. 그 고맙다는 말에 속절없는 눈물만 흘러내린다. 이놈의 몹쓸 눈물! 동생이 흘러내리는 내 눈물을 보지 않아서 그래도 다행이다.

고향에 계신 부모님께 전화로 수술 이야기를 말씀드린다. 긴 세월 가슴 속에 응어리진 한을 이제는 좀 푸시라고 말씀드린다. 건강하지 못한 동생이 항상 가슴속에 응어리로 맺혀 지내신지

38년의 세월이다. 어머님의 떨리는 목소리가 귓가에서 맴돈다. 칠십 평생을 사시면서 오늘처럼 속 시원하게 행복한 날은 처음이라는 어머님의 말씀에서 지난 세월의 한이 강하게 전달된다. "어머니 이젠 행복한 결과만 생각하세요."라고 말씀드린다.

어머니의 한! 그 무게가 과연 얼마일지 나는 감히 가늠하지 못한다. 하지만 지금부터는 그 삶의 무게를 조금씩 가볍게 할 수 있을 것이라는 확신을 한다.

그래도 걱정이다. 어머니께서 칠순의 연세에 그 힘든 과정을 잘 견뎌내시고 동생에게 골수를 무사히 주실 수 있을지 걱정이다. 결국 쉬운 일은 아님이 분명하다. 하지만 그 과정에서 어머니께서 겪어야 할 고통은 일단 접어두기로 했다. 그렇게 하는 것이 당연한 것이라는 어머니의 확고한 신념 때문이다. 수술하는 날까지는 한두 달 시간이 있다. 우선 어머니의 건강 상태를 최고로 유지하는 것이 급선무이기에 어머니께 부탁의 말씀을 드린다.

"어머니, 일하시면 안 됩니다. 많이 드시고 건강하게 지내셔야 합니다."

발걸음이 가볍다. 우리 가족에게 가슴 벅찬 새로운 희망이 생겼기에 날아갈 것 같다. 수술 과정이 어떠하든 모든 것은 행복한 결과로 가는 과정이라 생각하고 견뎌내자고 다짐한다. 가족 모두의 최선의 노력이 결집된다면 기필코 행복한 결과가 있을 것이라 확신한다. 그것이 지난 10년의 기다림의 보답인 것이다. 정말로 감사하고 행복한 하루를 보낸다.

02 2차 조직 적합성 검사

2002년 골수 이식술을 전제로 한 1차 조직 적합성 검사에서 누나와 나는 동생과 골수가 일치하지 않았다. 골수 이식은 동종 이식(형제간 이식)이 성공 확률이 가장 높다. 누나와 내가 동생과 골수가 일치하지 않는다는 결과에 우리 가족의 실망은 컸다. 혹시나 하는 마음에 어머니와 아버지도 1차 조직 적합성 검사를 실시했고 천복의 행운을 받아 어머니와 조직이 적합하다는 결과가 나왔다.

실망 뒤에 희망을 얻은 격이다. 동종 이식을 못할 때에는 일치하는 사람을 찾기 위해 오랜 시간을 기다려야 한다. 간혹 빠른 시간 내에 적합한 사람을 찾는 경우도 있지만, 일반적인 경우는 골수를 기증하려는 분들은 소수이고 골수를 구하는 환자는 많다 보니 적합성 검사에서 일치한 사람을 찾는 것은 쉬운 일이 아니다.

어머니와 일치하는 경우는 정말로 드문 경우인데 아주 큰 행운이라고 윤성수 교수님께서 말씀하셨다.

2002년, 당장 골수 이식을 할 계획으로 모든 일을 진행했었다. 나는 리비아로 수술비를 마련하기 위해 떠났고, 수술비가 마련되면 골수 이식술을 진행하기로 했었다.

어머니와 1차 조직 적합성 검사에서 일치하여 큰 행운을 얻었지만 쉽게 골수 이식술을 진행하지 못한 이유는 수술의 성공 확률이 낮았기 때문이다. 어떠한 이유인지는 모르지만 코피가 나서 지혈이 안 되어 응급실로 실려 가는 횟수가 점점 줄어들기 시작했다. 그런 상황에서 성공 확률이 낮은 수술을 감히 선택할 용기가 없었다.

나와 동생의 생각이 그러했다. 직장을 다니고 일반인과 똑같이 일상생활을 할 수는 없더라도 가족과 함께 웃고 이야기할 수 있다는 것에 대한 만족은 수술을 선택할 결단력보다 앞서 있었다.

그렇게 10년의 세월이 흘렀다. 돌이켜 생각하면 지난 10년은 희망을 기다린 세월인 것 같다. 그리고 지금은 골수 이식술을 선택했다. 강한 의지로 희망을 선택했고 착실히 수술을 준비하고 있다.

2002년 1차 조직 적합성 검사에 이어 10년 만에 2차 조직 적합성 검사를 실시하였다. 지방에 계신 분들은 서울까지 가기 불편하여 지방에서 채혈할 수 있는 시스템이 갖춰져 있다. 그래서 경상남도 창원에서 어머니의 2차 조직 적합성 검사를 위한 채혈을 실시했고, 채혈된 혈액은 서울대학교병원에 보내져 정밀검사를 진행했다.

수술을 하겠다고 마음을 정한 후에는 각 단계가 긴장의 연속이었다. 한 단계라도 일치하지 않는다면 그 다음 단계를 진행할 수 없기 때문이다. 창원에서 채혈을 실시한 후 결과가 나오기까지는 7~10일 정도 소요된다. 그 시간 동안 하루하루가 가슴 조이며 기다린 시간이었기에 오늘의 결과는 행복한 선물이 아닐 수 없다.

3월 24일 서울대학교병원에서 골수 이식술을 확정한 후 수술 진행 시스템에 의해 교육연구실 김보경 코디네이터를 통해 입원 전까지의 모든 과정을 의논하고 있다.

기다리는 시간이 너무 길어서 몇 번을 김보경 코디네이터에게 전화를 걸어 물어보고 또 물어보았다. 내가 너무 집요했나 보다. 싫은 소리를 하지 않는 분이 나에게 조금만 참고 기다려주면 좋은 결과가 나올 것이라고 단호하게 말한다. 이놈의 조급한 성격을 좀 버려야 한다. 앞으로 긴 시간 기다리고 참고 견뎌낼 연습을 지금부터라도 해야 할 것 같다. 아무튼 기다린 결과는 다음을 진행할 기회를 당당하게 제공해 주었다.

나의 간절함보다 어머니와 동생의 기다림이 더 클 것임을 알기에 서둘러 전화하여 소식을 전했다. 2차 적합성 검사에서 일치하였기에 다음 단계로 진행한다는 말씀을 드렸다. 어머니의 기뻐하시는 목소리가 전화기를 통해서 전달된다. 다행이다. 다음 단계는 동생은 3박 4일 서울대학교병원 단기 암병동에 입원해서 종합검진을 받고, 어머니는 3박 4일의 4일째 되는 날 서울대학교병원에 오셔서 동생과 함께 최종 적합성 검사를 받는다고 설명드렸다. 3박 4일 검진 과정에서 문제가 될 만한 소지가 있다면 찾아내 완벽하게 원인을 밝히고 치료 완료 후에 골수 이식술이 가능한 것임을 말씀드렸다. 검사일이 확정되는 날까지 맛있는 음식 많이 드시고 건강하게 지내셔야 한다는 당부의 말씀을 드리고 전화를 끊었다. 그리고 동생에게도 전화를 해서 자세하게 설명했다.

수술을 결정한 후 첫 단계를 통과한 것이다. 앞으로 더욱더 힘들고 어려운 난간이 있을 것이다. 하지만 긍정의 힘이 모여서 강한 의지력으로 결집된다면 극복하지 못할 것이 없으리란 확신도 한다.

덕분에 회사 일에는 조금 소홀함이 있는 것 같아 죄송한 마음이다. 3월 24일 이후로 집안일에 모든 관심을 집중하다 보니 회사 일에 소홀함이 조금씩 쌓여가는 것 같아서 동료 직원들 보기가 미안하다. 회사 일에도 좀 더 충실하겠다고 내심 다짐을 한다. 물론 이 또한 동료 직원들이 눈치채면 미안한 일이지만, 지금 나에게 주어진 시간에 대한 예의라고 이해해 주길 간절히 바라는 마음이 앞선다.

사무실 여기저기서 전화벨이 울리고 대화 소리가 점점 커지고 있다. 모두들 업무에 바쁜 시간을 보내고 있음이 틀림없다. 조금 있으면 퇴근 시간이다. 오늘은 좀 더 가벼운 발걸음으로 집으로 향할 수 있을 것이라는 행복한 생각을 하고 있다.

03 보험 승인

충북 보은 속리산국립공원 내에 위치한 비룡댐 건설 현장으로 교육 출장을 떠난 4월 29일(금) 오전에 서울대학교병원 김보경 코디네이터의 전화를 받았다. 3월부터 준비한 서류가 건강보험심사평가원의 사전 심의를 통과하여 보험 승인을 받았다는 전화다.

보험 승인과 보험 불승인의 병원비 차액은 2,000~3,000만원이다. 우리 집 형편에 큰돈임에 틀림없다. 감사의 말씀을 드렸다. 서류를 잘 정리해서 보험심사평가원에 제출하고 승인과 관련된 일련의 절차를 진행한 김보경 코디네이터에게 감사의 마음을 어찌 말로 다 표현할 수 있겠는가!

보험 승인을 받는 경우는 다음과 같다고 한다. 급성 골수성 백혈병 – 완전 관해 된 때, 급성 림프구성 백혈병 – 완전 관해 된 때,

만성 골수성 백혈병 – 만성기, 재생 불량성 빈혈 – 중증인 경우, 골수이형성증후군 – 고위험군일 경우, 다발성 골수종 – 부분 반응 이상의 치료 반응이 있으며 신부전이 없는 경우, 악성 림프종 – 자가 조혈모세포 이식 후 재발된 경우로서 구제 항암 화학요법에 부분 반응 이상의 치료 반응을 보이는 경우이다. 보험심사평가원의 사전 심의를 받기 위해 요건에 필요한 서류를 준비하여 제출하여 적합성과 타당성이 인정되면 승인을 받는 것이다.

위의 병에 해당되는 경우라도 승인에 필요한 서류를 제대로 준비하지 못한다면 보험 승인을 받는 것이 불가능한 경우가 많다고 한다. 골수 이식이 꼭 필요한 사람들에게 고액의 수술비에 대한 부담을 덜어주기 위해서 국가에서 지원하는 정책으로 우리나라가 복지국가로 진입하기 위한 과정의 일환이라고 생각한다.

동생은 2002년부터 부산대학교병원에서 서울대학교병원까지 모든 진료 및 검사 기록지를 스캔하여 PDF 파일로 보관하였고, 진행 과정 전부를 엑셀 파일로 일목요연하게 요약 정리하고 있었다. 그래서 김보경 코디네이터가 요구하는 건강보험심사평가원 제출 서류 근거 자료를 수집하여 제출하는 것은 별 문제 없이 짧은 시간에 마무리할 수 있었다.

동생의 철저한 자기관리를 대변하는 부분이기도 하다. 10년의 세월 동안 철저하게 기록 관리하였기에 보험심사평가원이 요구하는 모든 서류를 제때 제출할 수 있었고, 보험 승인을 받는 일도 순조롭게 진행되었다. 동생이 나에게 경제적으로 큰 선물을 준 것이다.

골수 이식술의 확률이 높아졌으니 수술을 하자는 서울대학교 병원 혈액종양내과 윤성수 교수님의 말씀을 듣고 무조건 수술을 하겠다고 결정을 내렸지만, 사실 재정적인 부담이 없었던 것은 아니었다. 동생에게 그저 고맙고 미안한 마음을 금할 수 없다. 매 앞에 장사가 없듯이 돈 앞에 자유로운 사람이 몇이나 되겠는가! 단지 동생 앞에서 돈 이야기를 하지 않는 것이 동생 마음을 편안하게 해주는 것임을 알기에 노력하는 것일 뿐. 나 또한 돈 앞에 자유로울 수 없는 것이 냉혹한 현실이다. 한숨 돌릴 여유가 생겼다. 살다 보면 행복한 일도 많더라는 어르신들의 말씀이 그릇되지 않음을 몸소 느낀다. 살다 보면 좋은 일, 웃을 일, 행복한 일 많을 것이란 진실이 기필코 실현 가능한 것임을 확인하는 시간이다.

기쁜 마음에 동생에게 전화했다. 고맙다는 말을 먼저 하고 상세 내용을 설명해주었다. 당연히 동생이 더 기뻐할 일이다. 동생은 진심으로 기뻐하는 것 같다. 사실 동생도 수술을 한다고 하였지만, 심적으로 재정적으로 얼마나 큰 부담을 가지고 있었는지 미루어 짐작할 수 있다. 지난 세월 생활비와 병원비를 받을 때마다 미안해하던 동생이기에 많은 병원비를 형인 나에게 의지한다는 것이 결코 마음 편한 일은 아님이 틀림없다. 그래서 내가 더 큰 소리로 전화기에 대고 말을 한다.

"고맙다. 덕분에 우리 부자 되었다."

동생도 웃으면서 좋아한다. 정말로 오늘은 동생도 나도 모두가 부자가 된 느낌이다. 항상 그놈의 돈에 찌들려 살아온 인생인데 오늘 하루만은 부자가 된 느낌을 맘껏 누려본다. 앞으로도 계속 오늘 같은 날이 올 것이라는 끝도 없는 기대를 해본다. 그럼 내일도 계속 부자가 될 수 있을 것 같다.

기대하는 마음에는 돈 드는 일이 아니니까 부자 되는 기대를 많이 해본다. 오늘 정말 기분 좋고 행복한 날이다.

단기 암병동 입원

골수 이식술 전 최종 검사를 위해 서울대학교암병원 단기 암병동에 입원을 했다. 3박 4일 동안 검사를 실시하여 골수 이식술에 걸림돌이 되는 요소를 모두 없애는 과정이다.

서울대학교암병원은 2011년 3월에 개원한 최신식 시설을 갖춘 대한민국 최고의 병원이다. 창밖으로 창경궁이 손에 잡힐 듯 보이는 곳에 위치하여 역사와 현대가 공존하는 공간이다. 입원 통보를 받고 입원 당일 부산에서 출발하여 서울에 도착한 동생과 함께 단기 암병동에 입원한 시간은 밤 11시. 깔끔한 병실 내부는 거의 호텔 수준이다. 3박 4일 동안 행복한 생각으로 보내기에 충분하리라 생각했다.

입원 수속을 마치고 동생은 병원복으로 갈아입었다. 입원 1일째는 특별한 검사 과정이 없고 2일째부터 빠듯하게 검사 일정이 진행된다고 한다. 밤은 깊어가고 역사와 현재가 공존하는 창경궁의 야경은 그 자태를 뽐내고 있다.

입원 2일째를 맞이하는 새벽에 천둥 · 번개가 온 세상을 뒤흔든다. 트위터 '책사모' 회원들과 춘천으로 '책 읽는 기차 여행'을 떠나는 날이기도 하다. 행사 진행을 내가 주도적으로 하는 날인데 단기 암병동 입원 일정이 겹쳐지는 바람에 나는 참석할 수 없다. 새벽부터 천둥 · 번개를 동반한 폭우가 쏟아지니 걱정이 앞선다. '책사모' 개설자님이 잘하시길 기원하는 마음으로 걱정은 살짝 뒷전으로 옮겨 놓는다. 새벽에 회원 몇 분께 카카오톡으로 내가 참석하지 못하는 사정을 설명하고 도움을 요청했다.

참 요란한 아침을 맞이하는 날이다. 창 너머 보이는 저 창경궁에서는 비 내리는 새벽엔 무엇을 했을까 하는 생각을 살짝 해본다. 하긴 그 옛날에 태어났어도 난 평민이었을 것이고, 저기 보이는 창경궁과는 거리가 먼 인생일 것인데 별걸 다 고민한다는 생각에 푸념으로 답을 대신한다. 역사가 공존하는 공간에서의 첫날밤은 그렇게 보냈다.

예상한 대로 2일째 오전부터 많은 검사들이 진행되고 있다. 골수 이식술이 결코 단순한 수술이 아님을 실감하고 있다. 골수 이식술은 무균실에서 수술의 모든 과정이 진행되므로 몸속에 존재하는 해로운 균을 제거하는 것이 최우선 과제란 사실을 알게 되었다. 온종일 정신없이 서울대학교병원 곳곳을 돌아다닌 후 일과를 마무리했다. 바쁘고 힘든 하루를 보냈지만 행복을 키워

나가는 소중한 시간이었다.

오후 6시에 저녁 식사가 제공되었다. 나는 1층 편의점에서 김밥 한 줄로 저녁을 대신했다. 피곤함이 몰려와 7시쯤부터 동생과 나는 정신없이 꿈나라로 소풍을 갔다. 코도 골아 보고, 잠꼬대도 하고 난리가 난 모양이다. 잠꼬대로 말한 내 목소리가 어찌나 컸는지 그 소리에 내가 놀라 잠에서 깨기를 몇 번을 하고, 그렇게 2일째의 밤을 보냈다. 3일째 아침 7시까지 꿈나라에서 놀았으니 12시간의 숙면을 취한 것이다. 충분한 숙면으로 고단함을 해결할 수 있는 건강이 있음에 행복하다.

입원 4일째는 어머니와 동생이 함께 동시 검사를 실시하는 날이다. 그래서 어머니께서 버스편으로 고향에서 서울로 출발하셨다. 고향에서 서울까지는 버스로 4시간 20분이 소요된다. 어머니께 부담되는 거리임이 틀림없다. 하지만 행복한 마음으로 서울로 출발하신다며 어머니는 나와 동생의 걱정을 잠재워주셨다.

오후 2시가 넘은 시간, 동생을 병실에 혼자 두고 동서울터미널로 향했다. 예정 시간보다 10분 정도 연착되어 버스가 도착했다.

어머니를 모시고 내가 살고 있는 중곡동 집에 도착했다. 오늘은 어머니께서 좋아하시는 음식을 사 드리려고 마음먹고 있었다. 1996년 직장암 수술을 하신 어머니는 대변을 보시기 힘들다는 이유로 육식을 지양하시고 채식을 주로 하신다. 고향에는 산과 들에 어머니께서 즐겨 드시는 채소류가 넘쳐나기에 구태여 육식을 고집하지 않고 생활하신다.

어머니는 예전에 족발을 즐기셨다. 가까운 친척분이 대구에서 유명한 족발 체인점을 운영하신 덕분에 어려서부터 족발을 자주 드셨다고 하셨다. 물론 1996년 이후에는 일체 안 드시는 음식이다. 일전에 누나가 서울아산병원 정형외과에 인공 고관절 교체 수술을 할 계획으로 종합검사를 진행하느라 동생과 함께 중곡동 집에서 며칠을 있었다. 그때 족발을 시켜 먹었는데 맛이 꽤 괜찮았었다. 어머니께 저녁 식사로 족발을 시켜 드렸다. 15년 만에 드시는 족발이라면서 양껏 드셨다. 1996년 희망이 없다는 직장암 수술 후 철저한 자기관리로 건강을 유지하셨기에 동생에게 골수(조혈모세포)를 기증할 수 있는 것이다.

한 치 앞도 못 보는 것이 인생인데 어머니께서 자식을 위해 골수를 주실 것을 어찌 아셨을까? 자식에 대한 어머니의 사랑이 그 해답이라 생각한다. 대한민국의 위대한 어머니, 이 시대의 위대한 어머니는 나의 어머니고 세상의 어머니라고 확신한다. 밤은 깊었고 입사 14년 만에 처음 찾은 큰아들 방에서 어머니는 평온한 밤을 보내셨다.

단기 암병동 입원 4일째, 어머니를 모시고 서울대학교병원으로 출발한다. 동생과 어머니께서 동시 검사를 받아야 하기에 아침부터 서둘러 병원으로 출발했다. 어머니만 병원에 모셔다 드리고 나는 서울아산병원으로 출발했다. 일전에 서울아산병원에서 누나의 인공고관절 교체수술 가능 여부를 판단하기 위해 진행한 종합검사 결과가 나오는 날이기 때문이다. 검사 결과는 낙관할 수 없는 상황이라고 한다. 한국에서 단 1건의 수술사례가 있고, 수술 성공 여부를 가늠하기 어렵다는 설명이다. 당사자인 누나와 의논해서 추후에 다시 병원을 방문하겠다고 하고서 서울대학교병원으로 향했다.

누나는 기대를 많이 한 모양이다. 전화로 결과에 대해 설명하니 실망하는 기색이 역력했다. 한국에서 단 1건의 수술 사례가 있다면 희망은 있는 것이고, 기필코 수술에 성공한 교수님을 찾아보겠다는 말로 누나를 안심시켰다. 지금은 동생 골수 이식술이 최우선이니 조금만 여유를 갖고 생각하자고 말하고 전화를 끊었다.

서울대학교병원에 도착하니 어머니와 동생의 동시 적합성 검사는 완료된 상태다. 그런데 문제점이 하나 발생했다. 어찌 보면 심각한 문제일 수 있다는 것이 주치의 선생님의 소견이다. 서울대학교 치과병원에서 동생의 잇몸에 존재하는 염증 때문에 치료 또는 수술 여부를 결정해야 한다는 것이다.

동생은 2009년부터 잇몸에 염증이 생겨 있다. 수술을 해서 잇몸 뼈를 제거하면 얼굴에 심각한 변형이 생길 수 있으므로 수술을 지양하고 부산대학교병원에서 치료에 집중하고 있었다. 단기간의 검사 결과를 가지고 골수 이식술 여부를 결정할 수 없으니 부산대학교병원에서 진료한 기록과 교수님 소견서가 필요하다는 것이다.

3박 4일의 단기 입원 병동이라 일단 퇴원을 하기로 했다. 새벽에 부산으로 내려가서 진료 기록과 교수님 소견서를 받아오기로 하고 퇴원했다.

서울에서 부산까지

3박 4일 일정을 무사히 마친 어젯밤은 어머니, 동생과 함께 작지만 아늑한 중곡동 단칸방 내 집에서 행복한 밤을 보냈다. 중곡동에서 김포공항까지는 멀고 또한 김해공항에서 부산대학병원까지도 먼 거리다. 그래서 05시 30분 KTX 부산행 첫차를 타기 위해 서울역으로 출발했다. 어머니와 동생은 서울대학교 치과병원에 09시 30분까지 맞춰 가야 하고, 나는 그 전에 부산대학교병원에 도착하여 진료 기록과 교수님 소견서를 받아서 팩스로 서울대학교 치과병원에 보내야 한다. 007작전을 연상하게 하는 일정이다.

부산행 KTX 안에서 참 좋은 세상이라는 생각을 해본다. 서울에서 부산이 거리가 얼마인데……! 1일 생활권이 아니라 때에 따라서는 반나절 생활권이 충분히 가능한 세상에 살고 있음에 감사한다. 고요한 새벽의 정적을 깨고 KTX는 부산을 향해 무한 질주 중이다. 부산역에 도착한다는 안내 방송이 나온다. 자주 내리는 부산역이지만 오늘처럼 만감이 교차한 때가 얼마나 있었는지 잠시 생각해 본다.

부산대학교병원에 도착했다. 아직 진료 전이다. 간호사님께 어제 전화로 미리 설명한 바와 같이 진료 기록과 교수님 소견서가 필요하다고 말하고 시간이 촉박하니 최대한 빨리 해달라고 부탁을 했다. 다행히 9시 이전에 필요한 모든 서류를 발급받을 수 있게 되었다. 서울로 팩스를 발송해야 하는데 서류의 양이 많아서 부산대학교병원에서는 발송이 어렵다고 한다. 방법을 여쭤보니 병원 가까운 곳에 위치한 아미동 주민센터에 가면 팩스를 송부할 수 있다고 한다.

시간 여유는 20분이다. 파출소에서 길을 안내받아 아미동 주민센터에 도착했다. 대략적인 상황을 설명하고 팩스 송부를 부탁했다. 친절한 아미동 주민센터 직원은 무한 감동을 선물해 준다. 서류가 많아서 팩스를 발송하는 시간만 10분이 소요되었다. 09시 30분 동생이 서울대학교 치과병원에 진료하기 전 필요한 모든 서류는 무사히 서울에 도착했다.

서울에서 부산까지 새벽을 달려 무사히 일을 마칠 수 있었다. 감사한 마음으로 아미동 주민센터 직원에게 인사를 드리고 부산역으로 향했다. 다시 서울대학교병원으로 가서 어머니와 동생을 만나야 한다. 부산역에 도착해서 표를 구했다. 30분 정도 시간이 비어 있다. 부산역 구내식당에서 아침 겸 점심을 해결했다. "시장이 반찬이다."라는 말이 실감나는 식사다.

서울행 KTX에 탑승하고는 눈을 감았다. 조금 자야 할 것 같다는 생각이었다. 정신없이 곯아떨어졌다. 웅성거리는 소리에 눈을 떴다. 신경주역이라는 이정표가 보인다. 이정표를 한참을 보고 있어도 KTX는 움직임이 없다. 실내 안내 방송이 나왔다. 18호 차량 탑승 문이 닫히지 않아서 출발이 지연된다는 안내 방송이다. 최근에 KTX 사고가 빈번하다는 뉴스를 접한 게 엊그제 같은데 하필이면 지금 고장이란 말인가! 그래도 한편으로는 다행이라는 생각이다. 운행 중에 사고가 발생했다면 어찌 되었겠는가? 그나마 정차한 상태에서 고장이 났으니 인명 피해는 없지 않은가? '급할수록 돌아가라.'라는 옛말을 되새겨 본다. 조금만 돌아가는 여유를 가져보자고 생각하며 다시 눈을 감았다.

서울역에 도착했다는 안내 방송에 눈을 떴다. 행복한 단잠에 감사한 마음으로 서울역을 빠져나와 병원으로 향했다.

서울대학교병원에 도착했다. 서울대학교 치과병원 CT 촬영 결과 골수 이식술을 진행해도 된다는 교수님의 확답을 받았다고 동생이 말한다. 서울에서 부산까지, 그리고 다시 서울로 분주하게 움직인 덕분에 충분히 만족한 결과를 얻었으니 그저 행복할 따름이다.

어머니와 동생과 함께 시원한 커피 한잔의 여유를 가졌다. 3박 4일에 하루를 더한 4박 5일의 여정을 마치고 동생은 불편한 몸이지만 어머니를 모시고 고향까지 330Km 거리를 직접 운전해서 가야 한다. 회사만 아니면 내가 운전을 하고 싶지만 그럴 수 없다. 오늘도 휴가를 사용했고, 앞으로 얼마나 많은 시간 회사를 비워야 할는지 모르는데 무작정 쉴 수가 없는 상황이다. 돈을 벌어야 하는 궁극적인 이유를 생각하면 속물이 되어 가는 것 같아서 싫지만, 현실은 현실임을 인정해야 한다.

5월 초 날씨는 벌써 여름을 달리고 있는 듯하다. 동생에게 기름 절약한다고 에어컨 줄이지 말고 빵빵하게 켜고 조심해서 고향으로 내려가라고 부탁했다. 동생이 안쓰러워 보인다. 성하지 않은 몸으로 고향까지 먼 길을 운전하고 가는 것이 마음 아프다. 휴게소에서 자주 쉬어 가면서 운전하라고 부탁했다. 동생은 웃으면서 걱정하지 말라고 한다. 고맙다. 그리고 미안하다.

중곡동 집에 도착한다. 5일 동안 어떻게 지나갔는지 모를 지경이다. 밀린 빨래며 대청소를 한다. 단칸방에 무슨 청소할 게 있겠냐마는 청소는 내 영혼을 싱싱하게 만들어주는 활력소이다. 빨래하고 청소하는 시간이 제일 행복하다. 언제부터인가 그렇게 느끼기 시작한 것 같다. 세상이 원망스럽고 현실이 답답할 때에는 빨래를 하고 청소를 했다. 그러면 내 영혼이 맑아지는 것을 느꼈고, 그때부터 난 청소하고 빨래하는 것을 답답한 현실의 탈출구로 생각했다.

무사히 한 단계가 넘어간다. 5일 동안 진행한 검사 결과가 긍정적으로 확정되면 입원 일자를 기다리면 되는 일이다. 이비인후과에서 코감기 치료를 마치고 치과에서 충치 치료를 마쳐야 하지만, 그렇게 힘든 과정이 아님을 알고 있다.

오늘은 행복한 마음으로 하루를 정리한다. 무사히 고향에 도착했다는 동생 전화를 받고 나는 꿈나라로 여행을 떠난다.

06 이비인후과

5월 7일, 이비인후과 외래 진료를 받았다. 코감기와 비염이 있어 치료를 완료해야 골수 이식술을 진행할 수 있다. 동생은 한 자세로 2~3시간 앉아 있을 수 없다 보니 버스나 기차를 탈 수 없다. 한 자세로 오랫동안 있게 되면 일어설 수 없을 정도의 몸 상태가 된다. 서울에 올 때는 항상 비행기를 이용한다. 장애인은 50% 할인을 받기 때문에 버스나 KTX 비용에 크게 차이 나지 않는다. 시간도 절약되고 몸도 견딜 수 있기에 동생에게 비행기는 그 존재 가치가 크다고 할 수 있다.

5월 7일, 이비인후과 외래진료 10분을 위해 비행기를 타고 서울에 왔다. 비행기가 있어 다행이다. 비행기가 없었다면 동생이 서울대학교병원에서 진료를 받을 생각은 처음부터 할 수 없었을 것이다.

그리고 5월 16일, 다시 서울대병원 이비인후과를 찾았다. 그 동안에 병원에서 처방한 약을 꾸준히 복용했다. 오늘은 좋은 소식을 들어야 하는데…….

김동영 교수님의 진료를 받았다. 잠시 뒤 코감기와 비염 치료가 잘되었으니 골수 이식술이 가능하다는 확정을 받았다. 이비인후과 치료가 종결되는 순간이다. 이제 남은 치료는 치과 충치 치료다. 충치 치료는 1시간 정도 소요되며 진행에 별문제가 없음을 이전 치과 진료 시 확정받은 상태라 별로 걱정이 없다. 감사하고 행복한 마음으로 김보경 코디네이터에게 전화를 했다. 오늘 이비인후과 진료를 완료했다는 소식을 전했다. 치과 치료는 별문제가 없다는 것은 서로 잘 알고 있어 조만간에 입원 일자를 확정할 수 있을 것 같다고 김보경 코디네이터가 말했다. 그렇게 듣고 싶은 말이었음에도 불구하고 긴장감이 병행되는 것은 결코 쉬운 수술이 아니라는 생각 때문일 것이다.

또 한 단계를 넘어서고 있다. 희망의 목표를 향해 한 걸음 다가서는 순간이다. 항상 그러하듯 오늘 하루도 감사하고 행복한 마음이다.

동생과 함께 명동으로 향했다. 명동에서 김포공항 가는 6001번 공항버스를 탈 수 있기 때문이다. 명동 가는 택시에서 동생과 이야기를 나눈다. 아마 이번 주 안에 입원 날짜가 확정될 것 같다는 이야기, 입원하러 올 때 준비해야 할 옷이나 수건 등 이미 준비한 것들과 앞으로 준비해야 할 것들에 대한 이야기를 나눈다.

수술에 대한 걱정이 앞서긴 하지만, 더 바닥은 없다는 생각으로 밝고 희망적인 이야기만 하고 그렇게 생각하기로 다시 한 번 더 다짐한다. 행복한 결과를 위한 힘찬 발걸음은 지금부터라고 다짐한다.

명동에 도착했다. 동생은 6001번 공항버스로 김포공항으로 출발한다. 잠시 명동의 인파 속에서 생각에 잠긴다. 오늘은 유난히 명동에 일본인 관광객이 많은 것 같다. 지진에 원전 사태로 흔들릴 법도 한데……, 일본이란 나라는 참 대단하다는 엉뚱한 생각을 한다.

나도 동생 병간호하려면 준비할 것들이 많다. 철저한 준비는 희망찬 결과를 만들어 주는 것이란 확신으로 살아온 인생이다. 준비하자. 그리고 간절하게 바라자. 희망은 우리의 곁에 있음을 확신하며 오늘 하루도 행복하게 마무리한다.

:: 1일째, 5월 18일 ::

서울 가는 길

부산 해운대호텔 건설 현장에 교육 출장을 왔다. 오전 11시경에 김보경 코디네이터의 전화를 받았다. 오늘쯤 입원하라는 전화가 올 것이니 입원 준비를 하라는 것이다. 예상을 하고 부산으로 출장을 온 상태라 오히려 전화가 반갑다.

서둘러 교육을 마치고 해운대에서 전포동 동생 집으로 향했다. 전포동으로 전철을 타고 가다 센텀시티역에 잠시 내렸다. 무균실에 들어가면 휴대전화 통화가 힘들 수 있다. 시계가 없으면 답답해하는 동생이다. 동생에게 시계를 선물할 요량으로 롯데백화점 시계 매장에 도착했다. 그러고 보니 여태껏 살면서 한 번도 동생에게 손목시계를 선물한 적이 없다. 큰 맘 먹고 백화점에 왔는데 역시나 비싸다. 동생에게 좀 미안하지만 형편을 고려해서 롯데백화점에서 판매하는 저가 제품으로 골랐다. 서둘러 전포동 동생 집으로 향했다.

동생 집에 도착했다. 동생은 마산에 있는 누나 집에 갔다가 부산으로 내려오는 중이다. 입원하기 전에 누나 얼굴을 보고 싶다고 올라간 모양이다. 조금 있으면 동생도 도착한다. 동생과 나는 입원 기간을 두 달로 예상하고 있다. 물론 우리의 생각이지만, 두 달 정도면 퇴원할 것 같다는 행복한 예감으로 필요한 물품을 준비했다. 두 달 입을 속옷이 빨래걸이에 가지런히 걸려 있다. 동생이 마산에서 내려오려면 시간이 걸린다. 속옷과 수건을 하나하나 크린팩에 넣어서 정리하고 입원과 통원치료를 받을 때 입을 체육복도 잘 정리한다.

오후 2시쯤 동생이 도착했다. 동생은 내가 못 챙긴 나머지 짐을 정리했다. 서울까지는 동생 승용차를 내가 운전해서 가기로 했다. 승용차에 짐을 모두 실으니 오후 3시를 넘기고 있다. 전포동 동생 집을 빠져나와 서울로 출발하려는 순간 서울대학교병원 조혈모세포 이식병동에서 전화가 왔다. 오늘 중으로 입원하라는 통보 전화다. 부산에서 출발하여 승용차로 가기 때문에 밤늦게 도착할 수 있다고 양해를 구한다. 서울로 힘찬 출발을 시작했다.

일전에 누나의 서울아산병원 진료차 서울에 갈 때 누나, 동생과 함께 승용차로 올라갔었다. 그때는 동생이 운전했다. 사실 동생이 운전은 나보다 훨씬 안정적으로 잘한다. 하지만 오늘은 내가 하고 싶어서 운전석에 앉았다. 앞으로 동생이 견뎌내야 할 길에 조금이나마 체력을 보충하는 것이 좋겠다는 생각에 내가 운전을 하고 있다. 살짝 동생 안색을 보니 불안해하는 기색이 역력하다. 나의 운전 실력을 못 믿어 하는 동생을 잘 달래서 잠을 청하게 했다. 이젠 코까지 골며 자고 있다. 골수 이식술을 위해 서울로 가는 길이다. 누가 뭐래도 심적인 부담이 제일 큰 사람은 동생이다. 그 사실을 잘 알기에 최대한 동생에게 잘해 주려고 노력하고 있다.

고속도로 휴게소에 잠시 들렀다. 오늘은 저녁을 먹을 시간이 없다. 통감자, 핫바, 커피를 구입해서 차에 오른다. 다시 서울로 출발! 차 안에서 동생과 나만의 행복한 저녁 식사를 했다. 고속도로가 간혹 정체되긴 하지만 충분한 속도로 달릴 수 있음에 만족하고 있다. 서울로 접어들 때 또다시 조혈모세포 이식병동에서 전화가 왔다. 언제쯤 도착 예정이냐는 확인 전화다. 그러고 보니 시간은 밤 9시를 향하고 있다. 최대한 빨리 가겠다고 말씀드렸다.

동생 병간호를 하면 나도 두 달을 함께 있어야 하기 때문에 중곡동 집에 가서 내 짐을 챙겨 가야 한다. 옷이 대부분이다. 빨래를 못할 것 같아서 옷을 많이 가지고 간다. 짐 정리가 끝났다. 차에 싣고 서울대학교병원으로 출발한다. 밤 10시가 넘어 서울대학교병원 101병동(조혈모세포 이식병동)에 도착했다. "부산에서 올라온다고 고생 많았어요."라는 간호사님의 말에 기분이 좋다. 늦게 도착하여 싫어할 것 같아서 살짝 긴장했는데, 반갑게 맞이해주니 감사할 따름이다.

101병동 3호실 1호 침대가 동생과 내가 희망을 찾아갈 보금자리이다. 4인실이다. 화장실도 있고 우리 침대는 창가에 있어 하늘을 올려다 볼 수 있어서 행복하다. 입원하는 순간부터 동생은 환자이고 나는 보호자다. 환자와 보호자가 지켜야 할 일을 간호사로부터 열심히 설명을 듣는다. 머리 나쁜 내가 외우기엔 양이 너무 많다. 하지만 며칠 지나면 다할 수 있을 것이란 확신을 한다.

3호실에 입원해 계신 다른 환자분들께 인사를 드렸다. 다들 안색이 좋아 보인다. 골수 이식(조혈모세포 이식)을 받으면 힘들다는 이야기를 많이 들었는데, 실제 만나 보니 밝은 얼굴이라 다행이다. 동생도 걱정을 많이 한 눈치인데, 직접 밝은 모습의 환자분들을 보니 기분이 한결 좋아지는 것 같다.

병동을 둘러보기엔 늦은 시간이다. 오늘은 3호실에 적응을 하고 내일 101병동을 둘러보자. 어떤 분들이 어떤 시간을 보내고 계신지 궁금하다. 그리고 그분들께 배워야 할 점이 많을 것이라 생각한다. 101병동은 수없이 많은 희망이 싹트는 곳임에 틀림없다. 우리 가족의 희망도 여기 101병동에서 힘찬 발걸음을 시작한다.

서울대학교병원 101병동에서 첫날밤을 보낸다.

08 :: 2일째, 5월 19일 ::

히크만카테터 시술

오늘은 치과병원 외래 충치 치료가 예정된 날이다. 병원에서 동생의 편의를 봐준 것이다. 치과병원에 왔다가 다시 부산 내려가서 입원한다고 서울에 다시 올라오게 되면 시간적인 부담이 많은 것이 사실이다. 어젯밤에 입원을 한 덕분에 오늘 치과병원 외래 충치 치료가 훨씬 편하다. 충치 치료를 하면 출혈이 생길 수 있다며 농축 적혈구를 수혈한다. 병원에 입원한 것을 실감하기 시작한다. 수혈이 끝나고 치과병원에서 충치 치료를 받았다.

다행이 출혈 없이 치료가 완료되었다. 이로써 골수 이식술 전에 필요한 모든 검사와 치료가 완료된 것이다. 병실로 돌아왔다. 101병동은 전체가 무균실이다. 소독에서 시작하고 소독이 병동 생활의 대부분을 차지한다. 전자레인지를 이용해서 물을 끓이고 물병을 소독하고 칫솔을 소독하는 것이 병동 생활의 기본이다.

새로 환자가 입원하면 병원 근처 의료기 상사에서 알아서 필요한 물품을 정리해서 병동 입구까지 배달해 준다. 병원 생활에 필요한 물품을 모두 구입했다. 소독으로 시작하는 병실 생활의 시작인 셈이다.

점심은 금식이다. 오후에 히크만카테터(우측 가슴 부위의 대정맥에 조혈모세포, 혈액, 항암제, 수액 등을 주입하기 위한 치료용 호스) 시술을 할 예정이어서 금식한다는 설명이다. 혈소판 수치가 낮아서 혈소판을 수혈했다.

오후 3시에 침대카를 이용하여 2층에 위치한 혈관조영실로 내려갔다. 히크만카테터 시술은 1시간 정도 진행되었고 회복실을 거쳐 시술 부위 방사선 촬영 후 오후 5시에 101병동 병실에 도착했다. 히크만카테터 시술 부위 출혈이 멈추지 않아서 모래주머니로 지혈하라는 혈관조영실 시술팀의 소견이 있었다. 병실에 도착하여 확인하니 출혈이 계속되고 있었다. 모래주머니를 이용한 지압으로 지혈을 시도했다. 2시간 정도 지나서 다시 시술 부위를 봐도 출혈이 계속되어 시술 부위 거즈를 교체하고 다시 지혈을 시도했다. 계속된 출혈로 저녁 식사를 할 수 없다. 게다가 더 큰 일이 발생했다. 며칠 전부터 등이 결려서 움직임이 불편한 동생에게 지혈을 위해 장시간 지압을 하다 보니 몸에 무리가 온 것이다.

시술 부위 통증과 정신적 육체적 고통으로 체력이 급격하게 떨어진 동생은 구토를 하기 시작한다. 아침 식사 이후 먹은 것이 아무것도 없는데 2번씩이나 구토를 하고 있어 옆에서 보기 안쓰럽다. 해줄 수 있는 것이라고 출혈 부위를 힘껏 눌러주는 일밖에 아무것도 없다. 진통제를 맞고 추가로 혈소판을 수혈했다. 그래도 출혈은 계속되어 시술 부위 거즈를 새로 교체하고 다시 지압을 했다. 동생은 힘들어 견디질 못하고 있다. 내가 힘껏 지압할수록 동생의 고통은 커지고, 내가 힘을 빼면 출혈이 생기는 상황이다. 온몸에 식은땀이 흐르기 시작한다.

101병동 입원 신고식이라 하기에는 너무 가혹하다. 주치의 선생님과 간호사님도 특별하게 할 수 있는 방법은 없는 모양이다. 출혈에는 지압이 최고의 방법이라니, 내가 출혈을 멈추게 하는 중책을 맡았는데 출혈은 멈출 생각이 없는 것 같다. 오후 5시부터 시작된 출혈이 밤 11시까지 6시간을 지압하고 있는데도 출혈은 멈추지 않는다.

동생이 불쌍하다는 생각이 들면서 갑자기 눈시울이 뜨거워진다. 동생은 고통을 못 이겨 신음을 내고만 있다. 나는 양손으로 히크만카테터 시술 부위를 힘껏 누르고 동생의 침대에 얼굴을 박고 눈물을 흘리고 말았다. 이놈의 몹쓸 눈물! 하염없이 눈물이 흐른다.

30분쯤 지났을까. 간호사님이 나를 흔든다. 5월 25일에 조혈모세포 이식술이 확정되었기에 일정에 따라 오늘부터 항암제를 투여한다는 것이다. 출혈은 계속되는데 항암제를 투여한다니 앞은 더 막막하다. 간호사님이 나를 보고 “보호자가 이렇게 마음이 약해서 눈물을 흘리시면 어떡해요? 환자가 누굴 믿고 힘을 낼 수 있나요?" 단호하게 호통을 친다. 지당한 호통이다. 내가 이러면 안 되는데 동생을 바라보고 있자니 흐르는 눈물을 멈출 수가 없다. 얼마를 더 그렇게 있었을까? 간호사님이 항암제를 가지고 병실로 다시 왔다. 항암제를 보고서야 나는 정신을 차리기 시작했다.

지금부터 시작이다. 정신을 제대로 차리지 않으면 안 된다. 동생도 조금씩 정신을 차리는 모양이다. 독한 항암제가 몸에 들어가기 시작하면 정신을 차려야 버틸 수 있음을 동생도 잘 알고 있다. 1996년 직장암 말기 수술을 무사히 이겨낸 어머니를 동생도 병간호한 경험이 있기에 항암제의 위력을 알고 있다. 동생과 내가 손을 꼭 잡는다. 서로 말을 나눌 필요가 없다. 지금부터 정신을 차려서 당당하게 이겨내자는 서로의 약속을 알기에 말은 필요가 없는 것이다. 동생도 조금씩 기운을 차리고 나도 정신을 차려가고 있다.

20일 00시 25분, 첫 번째 항암제 '플루다라빈' 투약을 마치고 잠시 진정을 취하고 있다. 01시 40분, 출혈 부위를 소독하고 거즈를 교체했다. 아직도 출혈은 계속되고 있다. 그래도 동생이 조금은 안정을 되찾아서 다행이다. 02시 10분, 두 번째 항암제 '부설판' 투약을 시작한다. 투약에 2시간 정도 소요된다고 한다. "내일도 항암제 투약을 하니 무리하지 말고 주무세요."라고 간호사님이 말한다. 출혈 부위를 다시 확인했더니 조금씩 출혈이 멈춰가고 있는 것 같다.

담당 간호사를 믿고 푹 자라는 말에 안심하고 나와 동생은 긴 하루를 마무리하며 꿈나라로 여행을 시작한다. 호된 신고식을 치룬 날이다. 비록 힘든 하루를 보냈지만 그래도 감사하며 오늘 하루를 마무리한다.

:: 3일째, 5월 20일 ::

긴 밤을 지새우고 지혈에 성공하다

입원 3일째 아침을 시작한다. 동생도 눈을 뜬다. 새벽 4시에 항암제 투약이 끝나고 혼자서 화장실을 다녀왔다고 한다. 동생은 잠을 채 2시간도 못 잤다. 아침 7시에 시술 부위 지혈 거즈를 교체했다. 출혈이 거의 마무리되었지만 아직도 미세한 출혈이 있다. 아침 식사는 못하고 그냥 누워 있다. 9시에 지혈을 위해 거즈를 교체하고 다시 지압을 시도했다. 20분쯤 지났을 때 지압한 부위에서 더는 출혈이 발견되지 않는다. 어제 오후 5시부터 오늘 아침 9시까지 16시간 동안 출혈이 멈췄다가 계속되기를 반복하더니 결국 지혈에 성공했다.

16시간의 대장정에서 동생이 이긴 것이다. 동생과 나는 기쁜 마음을 감출 수가 없다. 동생은 혈소판 수치가 낮아서 항상 조심하는 생활을 했다. 아마도 병원에 대한 부담감이 동생에게 크게

작용한 것이라는 생각이 든다. 지혈이 되고 체력을 조금씩 회복할 수 있게 되어 천만다행이다.

점심 시간이다. 어제 아침 식사 후 한 끼도 못 먹은 상태다. 동생은 점심을 맛있게 한다. 감사한 일이다. 긴 밤을 고통으로 보내고 항암제에 힘들만도 한데 참고 견뎌줘서 감사한 일이다. 오늘도 항암제를 투약한다. 힘을 내야 잘 견딜 수 있다는 것을 동생도 잘 알고 있다. 혈액 수치가 낮아서 항암제 투약이 힘들 수 있다고 오늘도 농축 적혈구 수혈을 시작한다. 동생은 부산대학교병원에서 수혈할 때부터 수혈 전 처치 주사를 맞으면 항상 잠을 잔다. 오늘도 마찬가지다. 수혈 전 처치 주사를 맞고 잠을 자기 시작한다.

수혈하는 동안에는 별다른 반응을 보이지 않기에 나는 동생이 잠드는 것을 보고 병원 1층으로 내려갔다. 동생에게 골수(조혈모세포)를 기증하시는 어머니의 입원 일자가 확정되어 입원 예약을 하기 위함이다. 어머니는 5월 24일 서울대학교병원 암병동에 입원하신다. 입원에 앞서 22일과 23일 밤 8시경에 101병동에 오셔서 조혈모세포 채집을 위한 촉진제를 맞으신다. 1층 원무과에서 촉진제 주사료를 결재하고 단기 암병동에서 입원 예약을 했다.

어머니께 전화를 드렸다. 5월 22일(일요일) 서울에 올라오셔야 한다고 말씀드리고 건강관리가 최우선이니 절대 안정을 취하시라고 부탁을 드렸다. 긴장을 안 하신다고 하지만 어머니께 쉬운 일이 아니기에 걱정이 앞서는 것은 어쩔 수 없는 사실이다. 당신의 건강보다는 아들 건강이 우선인 어머니는 대한민국의 대표 어머니가 틀림없다. 동생은 잘 버티고 있으니 걱정하지 마시라고 말씀드리고 전화를 끊었다.

병실로 올라왔다. 수혈을 2팩째 하고 있다. 저녁 식사를 하고 밤 7시에 수혈은 종료되었다. 어제와 동일하게 오늘도 2일째 항암제를 저녁 7시부터 투약하기 시작했다. 독한 항암제가 대정맥을 통해 심장으로 전달되고, 대동맥을 통해 온몸으로 퍼져가고 있는데 동생은 의연하게 잘 버텨준다. 일반 환자들은 항암제 투약 시 여러 종류의 부작용으로 힘든 경우가 많다고 하는데, 동생은 참 대단하다고 간호사님이 말한다. 힘든 상황 속에서 지난 10년의 세월을 버텨온 동생의 열정과 끈기가 지금을 당당하게 버틸 수 있는 원동력이라 생각한다. 앞으로 더 힘든 과정이 많이 있겠지만 지금처럼 삶에 대한 열정을 이어가길 간절하게 바라는 마음이다.

첫 번째 항암제 '플루다라빈'에 이어 두 번째 항암제 '부설판' 투약을 끝낸 시각은 자정을 지나 새벽 2시. 2시가 넘은 시간 동생과 나는 행복한 내일을 기약하며 꿈나라로 여행을 출발한다. 오늘 하루도 감사한 마음으로 마무리한다.

10

:: 4일째, 5월 21일 ::

외출

입원 4일째, 그 독한 항암제를 맞고도 거뜬하게 버티고 있는 동생이 고마운 아침이다. 식사도 제때 잘하고 골수 이식(조혈모 세포)술을 위한 기본 체력을 잘 유지하고 있는 것 같다. 그런데 문제가 있다. 19일 아침에 변을 보고는 아직 한 번도 변을 보지 못하고 있다. 동생은 골수가 거의 말랐기 때문에 골수 대신 비장에서 혈액을 생성하고 있다. 그러다 보니 비장이 일반인에 비해 많이 비대해져 있다. 비대한 비장이 다른 장기를 누르고 있는 상황으로 소화가 안 될 경우에는 큰 문제가 발생할 수 있다. 변을 못 보면 장내에 변이 쌓이게 되고 그렇게 되면 비장과 서로 부딪혀 더욱더 변을 볼 수 없게 되어 장에 더 큰 무리를 주는 심각한 상황이 발생할 수 있다.

입원 전 동생은 조금씩 자주 식사하는 식습관으로 비장과 다른 장기에 부담을 최소화하는 생활을 해왔다. 19일부터 만 이틀 동안 변을 못 보고 있어 동생은 심각한 스트레스를 받고 있다. 참다못해 배변 약을 아침 식사 후 신청하여 복용하고 있다. 병원이라는 곳이 그런 것 같다. 평소에는 대수롭지 않게 생각하고 지나가는 일들도 병원에서는 쉽게 넘어가는 일은 드물어 보인다.

점심 전에 신경정신과에서 의사선생님이 오셨다. 골수 이식술을 진행하는 환자들은 정신적인 스트레스나 충격을 호소한다고 한다. 그래서 서울대학교병원에서는 신경정신과와 병행하여 수술을 진행함으로써 환자가 겪는 정신적인 고통을 덜어주는 진료 시스템을 운영하고 있다고 한다.

동생은 워낙 긍정적인 삶을 살았기 때문에 다른 환자들이 겪는 정신적 고통은 별로 느끼지 못하는 것 같다고 의사선생님이 말씀하신다. 정신이 육체를 이길 수 있음을 동생은 증명해 보이고 있다. 혹시 힘들다고 생각하면 언제라도 신경정신과에 연락을 달라는 말씀을 하신다. 물론 앞으로 그런 일이 없어야겠지만 혹시라도 생기면 바로 연락드리겠다고 말씀드렸다. 삶의 열정 하나로 오늘까지 살아온 동생이기에 정신력 하나만은 대한민국 최고라고 나는 인정한다. 《운명보다 강한 열정》은 동생의 삶을 대표하는 것임에 틀림없다.

점심 식사를 맛있게 한다. 맛있게 먹어주는 동생에게 감사한 일이다. 오늘은 오후 5시부터 항암제를 맞는다. 마음의 여유가 조금 생긴다. 동생에게 혼자 1시간쯤 있을 수 있냐고 물으니 가능하다고 한다.

나는 병원을 빠져나와 종로5가로 향했다. 동생이 입원하는 날 손목시계를 구입했는데 너무 커서 시곗줄을 줄여야 사용할 수 있다. 종로5가에 가면 시계점이 많으니 틀림없이 시곗줄을 줄일 수 있는 곳이 있으리란 생각으로 길을 나섰다. 여름을 재촉하는 비가 내린다. 시원함을 느낀다.

종로5가에 시계점이 참 많다는 것을 오늘 새삼 느낀다. 모퉁이에 '고급시계 수리점'이라는 간판이 있다. 수리점에 들어섰다. 시곗줄을 줄이는 시간은 1분도 안 걸린다. 참 좋은 세상이다. 도구로 그냥 시곗줄을 누르고 다시 연결해서 누르니 금방 해결된다. 동생 손목에 딱 맞을 것 같다. 가뿐한 마음으로 종로5가를 출발하여 병원에 도착했다. 여전히 비가 내린다. 온 세상이 말끔하게 새 옷을 갈아입는 것 같아 내 마음도 깨끗해진다.

오후 4시, 외출 1시간 만에 병실로 돌아왔다. 히크만카테터 시술 부위에서 지혈 완료 이틀 만에 다시 출혈이 발생했다. 소독을 하고 지혈 거즈를 교체했다. 양손으로 거즈 위를 적당한 힘을 주고 누르고 있다. 30분쯤 지난 후에 확인하니 더는 출혈은 없다. 다행이다. 이번에는 지혈이 쉽게 된 것 같다. 오후 5시부터 3일째 항암제를 맞는다. 다행히 별 거부 반응 없이 잘 진행 되고 있다.

저녁 식사 후 배변 약을 먹었다. 화장실에 자주 가긴 하는데 아직 변을 보지 못하고 있다. 내일까지 기다려봐도 배변을 못 보면 '관장'을 하자는 결론을 내리고 마음을 편하게 먹기로 했다.

두 번째 항암제 '부설판'은 밤 10시에 시작했고, 자정을 넘긴 00시 20분에 항암제 투약이 끝났다. 오늘 하루도 무사히 감사한 마음으로 마무리한다. 내일도 행복할 것이란 기대를 품고 꿈나라로 여행을 떠난다.

11

:: 5일째, 5월 22일 ::

39.1 도

04시 30분 눈을 떴다. 침대에 동생이 없다. 놀라서 주위를 살펴보지만 병실에는 보이지 않는다. 혹시 하는 생각에 화장실 문을 두드린다. 다행히 동생은 화장실에서 변을 보는 중이다. 화장실 앞에 앉아 30분을 기다렸다. 화장실 문을 열고 동생이 나온다. 살짝 웃음을 보내고 있다. 3일 만에 변을 보았다는 것이다. 속 시원하게 볼일을 보고 나온 동생 얼굴엔 생기가 도는 것 같다. 변을 보고 나면 대장이 좀 비기 때문에 비장이 훨씬 편안해진다. 오늘 변을 못 보면 관장을 할 것이고, 관장이 지속되면 기력이 떨어져서 조혈모세포 이식술을 견디기 힘들 수 있는데 정말 다행이다.

오늘 하루도 많은 일이 있겠지만 행복한 하루를 열고 있다. 이른 새벽이라 동생과 나는 다시 잠자리로 든다.

아침 8시에 식사가 나왔다. 병원 생활은 원칙과 규칙이 적용되고 이를 착실하게 준수하면 틀림없이 건강을 회복하는데 도움이 된다. 동생은 아침 식사 후 다시 변을 본다. 3일 동안 비장을 눌러 힘들게 했던 몹쓸 변이 말끔히 몸 밖으로 빠져나오기 시작하는 것이다. 한숨 돌린다. 오늘은 2종류의 항암제와 1종류의 면역 억제제를 투약하는 날이다.

오전 11시 30분, 면역 억제제인 '에이티지 래빗' 을 투약하기 시작한다. '에이티지 래빗' 의 부작용은 오한, 발열, 두통, 복통, 설사, 허약감, 호흡곤란 등을 초래할 수 있는 힘든 약이다.

12시 40분, 점심도 거뜬하게 한 그릇을 비운다. 그리고 또 시원하게 변을 본다. 지난 3일 동안 정말로 힘든 과정을 겪은 모양이다. 이 많은 양이 장 속에 쌓여 비장을 누르고 있었으니 얼마나 힘이 들었을까! 힘들어도 잘 견뎌주는 동생이 정말 고맙다. '에이티지 래빗' 은 보통 5시간 정도 투약한다.

오후 2시, '에이티지 래빗' 을 투약하는 중에 항암제인 '플루다라빈' 을 투약하기 시작한다. 힘든 과정이지만 잘 참고 견뎌내야 하는 시간이다. 오늘은 어머니께서 서울에 오시는 날이다. 같은 병실의 보호자에게 동생을 잠시만 지켜봐 주시길 부탁드리고 병원에서 오후 2시 25분에 동서울터미널로 출발했다.

오늘 밤 8시부터 어머니는 조혈모세포 채집을 위한 촉진제를 맞으신다. 내일도 동일한 시간에 촉진 주사를 맞으시고 모레인 5월 24일 서울대학교병원 단기 암병동에 입원하시게 된다.

어머니는 고향에서 오전 10시 40분 버스를 타고 서울로 출발하셨다. 동서울터미널 도착 예정 시간은 오후 3시다. 동생 곁에 좀 오래 있었나 보다. 시간이 촉박하여 본관 앞에서 택시를 타고 출발했다. 택시가 상왕십리역을 지날 때쯤 도로 사정은 정체 구간이 점점 길어지는 것 같다.

택시에서 내렸다. 상왕십리역으로 뛰어가 전철로 이동하여 동서울터미널에 도착하니 3시 10분이다. 다행스럽게도 어머니가 타고 서울로 올라오는 버스가 20분 연착이다. 어머니께서 버스에서 내리신다. 버스로 5시간 가까운 거리인 서울에 도착하신 어머니께서 밝은 얼굴로 다가오신다. 동생의 수술을 위해 당신의 건강에 최선을 다하신 모습에 그저 감사할 따름이다.

어머니를 모시고 중곡동 집에 도착했다. 나는 동생 병원에 있어야 하고 어머니께서 혼자서 중곡동 단칸방에서 이틀 밤을 주무셔야 한다.

시장 볼 시간이 없다. 집 근처 마트에서 필요한 식료품을 사서 냉장고에 넣어 드렸다. 오늘 밤 8시까지 서울대학교병원 본원 10층 101병동으로 오셔야 함을 말씀드리고 나는 병원으로 출발했다. 어머니께 식사도 한 끼 사드리지 못하고 병원으로 향하는 마음이 편하지 않다. 다행히 밤 8시에 촉진제를 맞기 위해 병원에 오실 때는 직장 동료가 어머니를 모시고 오기로 했다. 직장 동료가 도움을 주겠다니 감사한 일이다.

오후 4시 35분에 101병동에 도착했다. 동생이 '에이티지 래빗' 부작용으로 열이 나기 시작했고 간호사님이 몇 번 다녀갔다고 한다. 내가 도착해서 동생 체온을 체크하니 39.1도다. 간호사님이 와서 급히 해열제를 먹게 한다. 예견된 부작용이고 곧 회복할 수 있다고 안정을 시킨다. 어머니 모시러 다녀온 사이 혼자 있던 동생이 얼마나 힘들었을까 생각하니 마음이 아프다. 그렇다고 길도 모르는 어머니를 혼자 집을 찾게 할 수도 없는 일이고, 그나마 동생이 조금씩 정신을 차리는 것 같아서 다행이라 생각한다.

6시 30분에 면역 억제제 '에이티지 래빗' 투약이 완료되었다. 저녁 식사를 제대로 하지 못한다. 7시에 바로 항암제인 부설판을 투여하기 시작했다. 아무리 삶의 열정으로 지금껏 버텨온 동생이라고 해도 오늘은 정말 많이 힘든 모양이다. 체온은 아직도 38.4도다. 점점 체온이 떨어지는 중이라며 너무 걱정하지 말라는 간호사님의 말에 동생과 나는 안도의 한숨을 내쉰다. 동생이 고열로 정신이 없는 사이 벌써 시계는 밤 8시를 넘기고 있다.

어머니께서 101병동에 도착하셨다. 병동 입구에서 어머니를 모시고 간호사실로 갔다. 촉진제를 맞으면 부작용이 있을 수 있다는 간호사님의 설명을 들은 후 주사를 맞으셨다. 동생이 지금 면역 억제제 '에이티지 래빗' 투약으로 힘들어하고 있지만 어머니께서 동생 얼굴을 안 보고 집으로 가시면 더 서운하실 것 같아서 병실로 어머니를 모셨다. 무균실 비닐 커튼을 처음 보신 어머니는 조금 놀라시는 기색이다. 그래도 동생 얼굴을 보시고는 웃으신다.

“내 건강하다. 걱정하지 마라. 몸에 있는 좋은 조혈모세포 많이 뽑아줄 테니 걱정하지 마라.”

어머니의 말씀에 동생이 짧게 말한다.

“버스타고 오시느라고 고생 많으셨어요.”

어머니를 모시고 병동 밖으로 나왔다. 저녁에 주무실 때 통증이 심하시면 병원에서 드린 진통제를 드시라고 말씀드렸다.

어머니께서 중곡동 집으로 출발하셨다. 밤 9시에 항암제를 모두 투약했다. 동생은 조금씩 열이 떨어지기 시작한다. 기력도 회복하고 있다.

어머니와 통화를 했다. 집에 잘 도착했다고 하신다. 당신 걱정은 하지 말고 동생 건강에 최선을 다하라는 말씀이다. 칠순의 연세에 먼 길을 버스로 오시고 통증이 심하다는 촉진제까지 맞으셨다. 그리고 이 밤을 아무도 돌봐줄 이 없는 중곡동 단칸방에서 주무셔야 한다. 자식 된 도리가 아닌 줄 알지만 지금 내가 할 수 있는 일은 한 통의 전화밖에 없다. 결혼을 했으면 며느리가 당연히 어머니를 모실 텐데. 지금 느끼는 이 감정은 무엇인지 알 수 없다. 죄책감인지, 송구함인지, 아니면 서글픔인지…….

내 나이 불혹이라는 마흔이다. 열심히 달려왔지만 이루어 놓은 것은 없다. 지금은 동생의 건강 회복에 모든 것이 집중되어 있어 어머니를 제대로 모시지 못해 그저 죄송할 따름이다. 40년을 이렇게 살아왔다. 앞으로 40년은 어떻게 살 것인가 고민해 본다. 그래, 앞으로 40년은 더 큰 희망으로 살아보자. 오늘 하루도 행복하게 마무리한다.

12 :: 6일째, 5월 23일 ::

SNS(Social Networking Service) 세상

어제 고열을 동반했던 면역 억제제 '에이티지 래빗'을 투약하고 있는데 오늘은 별 부작용이 없다. 상황에 대한 적응력과 삶의 열정은 참 대단하다는 생각이다. 동생의 삶에 대한 강인한 의지가 느껴지는 부분이다. 옆에서 지켜만 보는 나로서는 그저 고마울 따름이다.

어제까지 항암제 투약을 완료했다. 다른 환자들은 간혹 심각한 부작용에 고생하는 경우도 많다고 하는데 무사히 과정을 마쳤다. 오늘부터는 면역 억제제 '산디문'을 추가로 투약한다. 25일 조혈모세포 이식술을 위한 일련의 과정이 진행되고 있는 것이다. 오후 5시에 '에이티지 래빗' 투약이 완료되고 동생은 조금씩 여유를 찾는 것 같다.

SNS 세상과 연락 두절 6일째. 막간의 여유를 갖고 SNS 세상과 소통한다. 트위터와 페이스북에 "서울대학교병원 조혈모세포 이식병동에서 제 가족 병간호 중입니다. 당분간 간병에 최선을 다하고자 합니다. 행복한 소식으로 다시 뵙겠습니다. 감사합니다."라고 소식을 올린다.

많은 분들을 만나고 많은 분들과 소통하며 살아가는 SNS 세상이다. 어떻게 보면 미래 사회는 SNS가 만들어 간다고 볼 수 있을 것이다. 얼굴 한 번 보지도 않은 분들이 동생이 쾌유하기를 빌어주고 진심으로 걱정해주는 댓글을 올려준다. 101병동에서 세상과 이야기하는 행복한 통로임이 틀림없다. 가끔 여유가 있을 때 소식 전하기로 다짐해 본다.

5월 22일, 처음으로 101병동을 찾아준 (주)위아카이 노미경 대표님과 이진경님도 SNS를 통해 만난 인연이다. 식사하기 곤란하다는 이야기를 듣고 짬짬이 라면이라도 먹어야 한다며 컵라면을 두 손 무겁게 사온 분. SNS 세상에서 만들어 가는 이야기다.

밤 8시 10분, 어머니께서 101병동에 도착하셨다. 간호사실에서 조혈모세포 채집을 위한 촉진제를 맞으셨다. 이틀째 맞는 주사다. 오늘은 통증이 더 심할 수 있으니 아프면 참지 말고 진통제를 드시라고 간호사님이 말한다. 주사를 맞은 후 동생 병실로 어머니를 모시고 왔다. 어제보다 더 건강해 보이는 동생의 얼굴을 보시고 어머니도 기뻐하신다. 동생 곁에서 잠시 몇 말씀 나누시고 중곡동 집으로 출발하신다.

어제와 마찬가지로 동료 직원이 어머니 길 안내를 도와주고 있다. 고마운 일이다. 세상엔 이렇게 고마운 사람들이 많은 것 같다. 혼자서 식사는 잘 하시는지 걱정이다. 동생 곁을 비울 수 없으니 마음만 아플 뿐 달리할 방법은 없다. 중곡동 집에 잘 도착하셨다는 전화를 받고 안심을 한다. 오늘도 무탈하게 잘 주무시길 간절히 바라는 마음이다.

밤 9시부터 면역 억제제 '산디문'을 투약하기 시작한다. 퇴원하는 날까지 시간당 20ml씩 계속 투약된다고 한다. 골수(조혈모세포) 이식술 후 거부 반응으로 발생하는 부작용인 이식편대 숙주질환 예방을 위하여 투약되는 면역 억제제다.

조혈모세포 이식이 얼마나 많은 정성과 노력이 필요한 것인지 입원 전에는 몰랐다. 막연한 기대라는 것이 현실로 다가오고 모든 과정을 받아들이는 시간이다. 그리고 하나씩 단계를 밟고 지나가고 있는 것이다. 지금의 시간이 모이고 모이면 동생은 건강한 모습으로 퇴원할 수 있다는 확신으로 오늘 하루도 행복한 마음으로 마무리한다. 내일은 또 다른 희망일 것이다.

13

:: 7일째, 5월 24일 ::

어머니 단기 암병동 입원

오후 1시 20분에 어머니께서 병원에 도착하셨다. 오늘은 중곡동 집주인 아주머니께서 함께 병원에 와주셨다. 암센터 단기 암병동 3층에서 입원 수속을 밟고 6층 병실로 올라갔다. 5월 1일 최종 종합검진 받으러 어머니께서 오셨던 병동이기에 낯설지는 않다고 하신다. 병실에 도착하여 어머니께서 환자복으로 갈아입으신다. 어머니께서 환자는 아니지만 동생에게 조혈모세포를 기증하기 위해 3박 4일 입원을 하셔야 하므로 병원복을 입으셔야 한다. 병실에서 필요한 물품을 구입하고 병실에서 드실 간식을 냉장고에 넣어 드렸다. 앞으로 4일 동안 칠순의 연세에 결코 쉽지 않은 경험을 하실 것이다. 젊은 사람에게도 힘겨운 일인데 어머니께서 얼마나 힘드실지 걱정이다. 내 마음을 아셨는지 어머니는 강한 어조로 “내 걱정은 하지 마라. 자식한테 좋은 일이라면 내 뭐라도 할 수 있다. 걱정하지 말고 어서 동생에게 가봐라."
라고 말씀하신다.

어머니 곁에는 간병인을 4일 동안 모셨다. 아무래도 병실 생활이 몸에 편하지 않으실 것이다. 간병하는 분이야 병원 생활의 달인이니 어머니를 잘 보살펴 주실 것이라 믿는다. 어머니는 간병비가 걱정인 모양이다. 평생을 넉넉하지 않은 살림살이에 근검절약이 몸에 익숙한 분이다. 이번에는 동생 수술 잘되게 하려면 어머니 몸이 최우선이니 돈 걱정은 하지 마시라고 간청 드렸고 어머니도 쉽게 수긍하신다.

어머니 병실을 나와 동생 병실로 향했다. 오늘도 면역 억제제 '에이티지 래빗'을 투약 중이다. 삶에 대한 열정은 적응력을 키우며 살아온 동생의 지난 삶을 대변하듯 그 독한 항암제도 잘 견뎠고 '에이티지 래빗' 투약도 첫째 날만 힘들어 하고는 오늘도 잘 견디고 있다.

병원에 입원 후 나는 동생에게 감사하는 일이 참 많이 생겼다. 감사한 마음을 가지는 것이 당연한 일이라 생각한다. 정신적, 육체적으로 힘든 일이 많을 텐데 묵묵히 하루하루 잘 견뎌주니 고맙고 행복한 일이다. 어머니께서 동생에게 전화를 하셨다. 서울대학교병원 안에 계시지만 병동이 다르고 동생 곁에 있을 수 없는 상황이라 아쉬운 마음에 전화를 하셨다. 당신은 잘 도착해서 편안한 침대에서 쉬고 있으니 기운 내고 잘 견디자는 말씀이다. 동생이 어머니 전화를 받고 힘이 나는 모양이다. 가족 사랑이다. 가족의 울타리가 만들어주는 가족의 행복한 이야기다. 병실에서 병실로 목소리로 전하는 사랑이 때론 이렇게 큰 힘을 발휘할 수 있음을 실감한다.

회사에서 강현희 팀장님과 팀원 몇 명이 병문안을 오셨다. 동생은 면회가 불가하니 나만 잠시 10층 휴게실로 나갔다. 그간 진행되고 있는 일정을 간단하게 말씀드렸다. 동생 병간호를 위해 회사에서 장기 휴가를 허락해 주었기에 내가 지금 동생 곁에 있을 수 있다. 나에게는 한 푼이라도 아쉬운 일인데 회사에서 그만두라고 하면 답이 없는 일이다. 그렇다고 이 중요한 시기에 간병인에게 모든 것을 맡기는 것은 무책임한 일이라 생각하고 동생 곁을 내가 지키고 있다. 회사의 배려에 감사하고 또 감사할 따름이다.

내가 14년을 근무한 대우건설! 나를 믿고 지금 나에게 소중한 시간을 허락해 주었다. 병간호에 최선을 다해서 좋은 소식을 전하겠다는 다짐을 한다. 플라스틱 의자를 구하기 위해 동대문시장까지 다녀온 정성에 감사의 인사도 전했다. 포장마차에서 유용하게 사용되는 사각 플라스틱 간이의자. 101병동에서 또 다른 면모를 과시하고 있다. 환자 곁에 있는 시간이 많은 병실에서 보호자를 위해 제일 필요한 것이 간이의자다. 병문안 오는 길에 사달라고 부탁했더니 그 귀한 간이의자를 구하러 동대문시장을 둘러서 온 모양이다. 그 어떤 선물보다 소중하고 값진 것이다. 오랜 시간 자리를 비울 수 없음을 인지한 강현희 팀장님과 팀원들이 발걸음을 옮긴다. 감사 인사를 정중하게 드리고 병실로 돌아왔다.

어머니는 이틀 밤을 외래로 101병동에 오셔서 조혈모세포 채집을 위한 촉진제를 맞으셨고, 오늘은 입원하신 단기 암병동 병실에서 촉진제를 맞으신다. 오늘은 통증이 있더라도 병실이기에 걱정이 덜하다. 그래도 촉진제를 맞으시는 시간에 맞춰 어머니께 전화를 드렸다. 어제는 좀 아프셔서 진통제를 드셨다고 한다. 오늘은 병원에 있으니 마음이 편하다고 말씀을 하신다. 어머니께 내일은 가장 소중한 시간이고 동생에게 내일은 인생에서 최고로 중요한 날이다. 어머니와 동생 모두 오늘은 행복한 꿈을 꾸고 인생에서 제일 행복한 밤을 보내야 한다. 편안하게 주무실 수 있도록 어머니를 안심시켜 드렸다.

정신력 하나로 따지자면 어머니를 따라올 사람은 없을 것이다. 어머니는 하시고자 하는 일이 있으면 3일 정도는 뜬눈으로 지내신다. 내가 감히 '열정'을 입에 담을 수 있는 것도 어머니의 영향이 크다. 동생도 그러하다. 오늘 밤 우리 가족은 내일을 위한 행복한 꿈을 꿀 것이다. 행복은 마음에서 시작하는 것임을 우리 가족은 잘 알고 있다. 서글픈 현실은 행복한 마음 앞에서 무릎을 꿇는다. 그것이 진실이고 그것이 우리 가족의 희망찬 미래이다. 행복한 내일을 꿈꾸며 오늘도 꿈나라로 여행을 떠난다.

14 :: 8일째, 5월 25일 ::

1차 조혈모세포 이식

어머니 골수(조혈모세포)를 동생에게 1차 이식하는 날이다. 동생은 속을 깨끗하게 비우고 어머니 조혈모세포를 받으려고 하는지 새벽 4시 30분에 장을 가득 채우고 있는 것들을 화장실에서 비운다. 스트레스성 변비인지 3일 동안 변을 보지 못했는데, 오늘 시원하게 장을 비우고 기분 좋은 아침을 맞이한다.

지난 10년의 세월 동안 오늘을 기다렸다. 기다린 시간이 길었기에 오늘을 받아들이는 마음은 행복하다. 아침 식사를 하고 편안한 마음으로 하루를 시작하고 있다. 오전 9시 50분, 본원 2층에 위치한 헌혈실에 어머니께서 도착하셨다고 간병인 아주머니께서 전화를 했다. 101병동을 나와 2층 헌혈실로 향했다.

헌혈실에 도착했다. 조혈모세포를 채집하는 시설을 갖춘 곳이다. 어머니께서 제일 안쪽 침대에 위치하고 계신다. 조혈모세포 채집은 오른팔에서 채집 호스를 통해 혈액이 나오면 기계 장치를 통해 조혈모세포를 포함한 혈액은 분리되어 채집되고 나머지 일반 혈액은 왼팔을 통해 다시 몸속으로 들어가는 과정을 통해서 진행된다. 채집 시간은 사람에 따라 차이가 있고 4~5시간 정도 소요된다고 한다. 채집하는 시간 동안 왼팔은 다소 움직일 수 있지만 혈액에 나오는 오른팔은 전혀 움직일 수 없다. 오른팔을 움직이면 혈관에 꽂혀 있는 바늘 때문에 혈관에 심각한 문제가 생기기 때문이다. 4~5시간을 움직임 없이 한 자세로 가만히 있다는 것이 결코 쉬운 일이 아니다. 하지만 어머니께서는 힘드신 표정이 전혀 없다. 당신이 자식을 위해 뭔가를 주실 수 있다는 것이 마냥 행복하신 표정이다.

아픈 자식을 지켜보신지 38년의 세월이다. 당신의 가슴속에 아픈 동생이 얼마나 안쓰러웠는지 가늠할 수 없다. 오늘 어머니는 38년의 한을 표출하고 계신다. 지금 어머니 몸속에서 나와 채집되고 있는 조혈모세포는 동생의 몸속으로 들어가 희망을 만들 것이다. 그러기에 어머니는 행복하신 것이다. 어머니의 손을 꼭 잡아주고 101병동으로 올라왔다.

오후 1시 20분, 1차 조혈모세포 채집이 완료되었다고 연락이 왔다. 3시간 30분이 소요되었다. 평균 채집 소요 시간보다 짧은 시간에 완료된 것이다. 어머니의 자식 사랑이 무한함을 다시 한 번 더 보여주신 것이다. 어머니는 단기 암병동 6층 병실에 도착하여 휴식 중이라고 확인 전화를 받았다. 어머니의 채집이 완료되었다는 소식이 101병동으로 전달되고, 전임의 선생님을 비롯한 간호사실이 분주하다. 1시 50분부터 어머니에게서 채집된 조혈모세포를 동생 몸에 이식하기 위한 일련의 준비 과정이 진행되고 있다.

오후 2시 05분, 2층 헌혈실에서 어머니 몸에서 채집된 조혈모세포가 병실에 도착했다. 280cc 1팩으로 눈으로 보기엔 일반 혈액과 차이가 없어 보인다. 어머니에게서 채집된 조혈모세포가 동생 몸속으로 이식되려는 순간이다. 전임의 선생님을 비롯한 간호사님의 긴장과 여유가 교차하는 느낌을 강하게 받는다. 나는 심호흡을 한다. 동생은 얼마나 가슴 조이며 긴장하고 있을까? 그래 웃어보자. 긴장을 풀고 웃으며 시작하자고 생각하고 동생에게 말을 건넨다. 동생도 긴장이 조금 풀리는 것 같다.

오후 2시 10분, 280cc의 희망이 동생 몸속으로 이식되기 시작한다. 한 방울 한 방울 동생 몸속으로 이식되기 시작한다. 히크만카테터를 통해 정맥을 타고 동생의 심장으로 들어가고 있다. 동생의 심장 소리에 귀를 기울인다. 변화를 느끼지 못하는 편안한 소리다. 전임의 선생님이 조혈모세포 이식 속도를 조금 올리고 있다. 동생 몸의 반응을 주의 깊게 지켜보면서 시간이 지날수록 조금씩 더 이식 속도를 올리고 있다.

2시 50분, 1차 조혈모세포 이식이 완료되었다. 40분의 긴 여행이었다. 평온하지만 결코 경계를 늦출 수 없었던 여행을 무사히 마쳤다. 전임의 선생님과 간호사님, 동생, 그리고 내가 서로를 마주보며 수고했다는 말을 건네고 있다. 아름다운 모습이다. 그리고 행복한 시간이다. 10년을 기다린 시간은 40분이라는 짧은 시간으로 보상받는다. 2002년 골수 이식술을 전제로 검사를 진행하고 10년 만에 조혈모세포 이식술을 받은 것이다. 10년의 기다림은 이렇게 우리 가족에게 희망으로 다가오고 있다.

긴장의 강도가 동생만큼 컸던 사람이 있었겠는가! 이식술이 끝난 후 긴장이 풀렸는지 시원하게 소변을 본다. 그리고 동생은 어머니께 전화를 한다. 지금 이 순간을 간절하게 손꼽아 기다린 분은 어머니다. 이 시간 어머니는 6층 병실에서 틀림없이 염주를 돌리고 계실 것이다. 어머니와 동생의 통화는 이 세상에서 가장 행복한 통화일 것이라 생각한다.

통화가 끝나고 동생은 고향에서 아들 소식을 애타게 기다리고 계실 아버지께 전화를 드리고 있다. 경상도에서 태어나 경상도에서 평생을 살아오신 경상도 남자 무뚝뚝함의 대명사인 아버지. 하지만 오늘은 평소의 아버지가 아니신 것 같다. 아버지의 행복한 목소리가 동생 휴대전화를 통해 나에게까지 전달되고 있다.

오늘은 우리 가족 모두가 행복한 날이다. 10년을 한결같이 기다린 날 우리 가족은 행복함을 함께 나누고 있다. 101병동에서, 단기 암병동 6층에서 그리고 고향에서.

15 :: 9일째, 5월 26일 ::

2차 조혈모세포 이식

조혈모세포 1차 이식(주입)량 결과가 나왔다. 조혈모세포 이식에 필요한 주입량은 수치로 3~5이다. 어제 주입한 280cc의 조혈모세포를 포함한 혈액에는 1.19가 포함되어 있다고 한다. 오늘 어머니께서 2차 조혈모세포를 동생에게 주신다. 오늘 주입량은 내일 아침에 결과가 나오고, 어머니 몸에서 조혈모세포를 몇 번 채집할 것인지 최종 결정을 한다. 칠순의 연세에 첫째 날 1.19라는 수치는 많은 양이라고 한다. 둘째 날은 좀 더 많은 양이 채집된다고 안심하라는 전임의 선생님의 말씀이다. 어제와 같은 오전 9시 50분에 어머니께서 2층 헌혈실에 도착하셨다는 연락이다. 병실을 나와 2층 헌혈실로 향했다.

어제와 같은 자리에서 조혈모세포를 채집하고 계신다. 어제 생각보다 많은 조혈모세포를 이식했다고 말씀드린다. 어머니께서 이제야 속내를 말씀하신다. 조혈모세포 이식을 위한 채집이 어떤 것인지 몰랐기에 긴장을 많이 하셨나 보다. 그제는 밤에 한숨도 못 주무셨다는 이야기를 하신다. 1차 조혈모세포 채집을 하시고는 긴장이 풀리셨는지 어젯밤에는 정말로 편안한 밤을 보내셨다고 한다.

자식의 건강을 위해 조혈모세포를 주시겠다고 결정을 하셨지만, 사실 칠순의 연세에 결코 쉬운 일이 아니다. 어제 헌혈실 옆 침대에서 같은 시간 조혈모세포 채집을 함께 한 30대의 젊은 여성분은 채집 과정과 채집 후 많이 힘들었다고 들었다. 그런데 어머니는 칠순이다. 어머니께 채집의 과정이 전달하는 강도는 가늠하기 힘들다. 예전에 60대 남자분이 조혈모세포 기증을 하신다고 채집을 하셨는데, 한 번 채집에 6시간 이상씩 소요되어 큰 고통을 겪었다고 한다. 밤새 잠 한숨 못 주무시고 1차 채집을 짧은 시간에 무사히 마친 어머니가 그래서 대단하시다고 간호사님이 말한다. 어머니의 자식 사랑 크기가 얼마인지 짐작할 수 있다. 오늘은 어제보다 훨씬 쉽다고 말씀하시는 어머니께 웃음으로 화답하고 어머니 손을 꼭 잡아준 후 101병동으로 향했다.

오후 1시 20분, 어머니의 2차 조혈모세포 채집이 완료되었다는 연락을 받았다. 오늘도 3시간 30분이 소요되었다. 오후 2시 05분, 단기 암병동 6층 병실에 도착하셔서 휴식을 취하고 계신다는 전화를 받았다.

곧바로 101병동 동생 병실에서는 2차 조혈모세포 이식 준비를 시작한다. 어머니 몸에서 채집된 조혈모세포를 포함한 270cc 혈액이 병실에 도착했다. 어제 1차 조혈모세포 이식을 무사히 완료했기에 오늘의 긴장감은 어제에 비할 것이 못 되지만, 그렇다고 긴장을 늦출 수 없는 시간이다. 모든 준비가 완료되었다. 오후 2시 25분, 전임의 선생님이 조혈모세포 이식을 시작한다. 어머니의 몸에서 채집된 조혈모세포를 포함한 혈액은 1차와 동일한 방법으로 히크만카테터를 통해 동생의 몸속으로 서서히 들어가고 있다. 어제보다 속도가 좀 빠르다. 어제 별다른 거부 반응이 없었기에 오늘은 조금 속도를 올린다고 전임의 선생님이 말씀하신다. 동생도 어제보다 좀 더 여유를 갖는 것 같다.

오후 2시 55분, 2차 이식이 완료되었다. 어제보다 10분 빨리 완료되었다. 전임의 선생님과 간호사님께 감사의 인사를 드렸다. 2차 조혈모세포 이식이 무사히 마무리되었다. 오늘 주입량은 내일 오전에 확인 가능하고, 그 결과에 따라 추가 주입 여부를 결정한다는 설명을 들었다. 무사히 2차 주입을 완료할 수 있음에 감사한 마음이다.

추가 이식 여부는 내일 최종 결과가 나오지만 2차 이식을 무사히 마친 동생은 지난 10년 동안 맺힌 응어리가 풀리는지 긴 한숨을 내쉰다. 10년의 기다림이 2차 이식을 무사히 마치는 행복한 결과를 만들어 주고 있다. 물론 지금부터 시작이다. 백혈구와 과립구 수치가 '0'에 가까워지고 다시 정상 수치까지 올라가야 조혈모세포 이식은 최종 완료되는 것이다. 1차, 2차 조혈모세포 이식이 무사히 완료된 것은 다음 단계로 가는 행복한 과정이다. 지금 이 시간 우리 가족은 행복하다. 온 세상을 다 얻은 것처럼 가슴 벅차오른다. 동생은 어머니와 아버지께, 그리고 동생과 비슷한 몸으로 살아가고 있는 누나에게 전화를 한다. 어제보다 더 큰 기쁨과 행복함으로 이야기를 나누고 있다.

곁에서 보고 있는 나는 세상에서 제일 행복한 사람이다. 세상에 태어나서 오늘처럼 행복한 일이 있었을까 하는 생각을 해본다. 오늘이다. 오늘 우리 가족은 세상에서 가장 행복한 날을 보내고 있다. 이 행복이 내일부터는 더 구체적으로 다가올 것임을 확신한다. 101병동의 희망을 노래하는 파랑새는 날아갈 것 같은 느낌이다.

16 :: 10일째, 5월 27일 ::

어머니의 사랑

오전 8시 15분, 윤성수 교수님의 회진이다. 1차 주입 1.19, 2차 주입 2.61, 총 3.80의 조혈모세포가 이식되었고, 보통 주입량이 3~5이니 적정한 조혈모세포가 이식되었다는 말씀을 하신다. 오늘 3차 조혈모세포 채집은 비상 상황을 대비해서 채집 후 냉동 보관한다는 말씀을 하신다. 연세에 비해 놀라울 정도로 많은 조혈모세포를 채집했기에 조혈모세포 이식이 순조롭게 진행되었다고 어머니의 노고를 위로해주신다. 2차 조혈모세포 이식으로 충분하다니 천만다행이다. 오늘 채집하는 조혈모세포는 냉동 보관할 수 있으니 만일에 발생할 수 있을 다음을 준비할 수 있다.

이식의 경과도 순조롭고 어머니의 조혈모세포 채집도 순조롭게 진행되었기에 한결 마음이 놓인다. 오늘 하루만 더 어머니께서 무사히 견뎌주시기를 간절하게 바란다. 오전 9시 50분, 어제와 같은 시간에 3차 조혈모세포 채집을 위해서 2층 헌혈실에 어머니께서 도착하셨다는 전화를 받고 헌혈실로 내려갔다.

어머니께 조혈모세포 이식 결과를 말씀드렸다. 어머니께서 좋아하신다. 동생에게 이식할 조혈모세포 양이 충분하지 않을까 노심초사 애를 태우신 분은 어머니다. 지난 3월 24일 조혈모세포 이식을 진행하기로 결정한 후 아마도 어머니께서는 제대로 잠을 못 주무셨으리라고 생각된다. 당신의 자식이 아픈 것을 보고도 고쳐줄 수 없음이 평생의 한이었는데, 조혈모세포 이식술로 건강을 되찾을 수 있다는 소식을 접하고 혹여 당신의 조혈모세포 채집량이 부족하여 수술이 제대로 되지 않을까 제대로 잠 못 이루었으리라 가늠할 수 있다.

2차 조혈모세포 이식으로 충분조건을 만족했다는 소식은 어머니께 삶의 그 어떤 것과도 비교할 수 없음을 알 수 있다. 오늘은 세상에서 제일 편안한 마음으로 조혈모세포 채집을 진행하실 것이라 생각된다. 어머니의 표정이 그러하다. 오늘도 어머니의 손을 꼭 잡아주고 101병동 병실로 향했다.

동생 곁을 지키고 있다. 이식이 끝난 것은 한 단계를 넘어선 것이지 치료가 완료된 것은 아니다. 지금부터 다음 단계의 희망을 찾는 도전은 진행된다. 한 치의 여유를 부릴 수 없다. 동생의 신체적 변화에 대한 집중의 강도를 높이는 것이 현명한 간병임을 교육받았기에 충실히 이행하고자 한다.

어머니께서 3차 조혈모세포 채집이 끝나고 병실에 도착하셨다는 통보를 받았다. 단기 암병동 6층으로 향한다. 단기 암병동은 3박 4일 입원을 원칙으로 하기에 오늘 퇴원하셔야 한다. 어머니 퇴원 수속을 밟기 위해 간호사실에 도착했다. 어머니께서 3일 동안 조혈모세포 채집을 하시면서 몸에 무리가 왔으므로 검사 실시 후 수혈을 할 수 있다고 이야기한다.

어머니의 병실에 도착했다. 안색이 안 좋아 보이신다. 3일 동안 매일 조혈모세포 채집을 하는 것이 어머니께 무리임을 알면서도 어쩔 수 없이 선택한 것이 마음 아프다.

간병인 아주머니는 오늘까지 봐주시기로 했다. 미리 다른 일정을 잡았기에 하루 더 간병을 할 수 없다고 한다. 할 수 없이 간병인 아주머니는 보내드렸다.

1시간쯤 지나 간호사실에서 연락이 왔다. 검사 결과가 수혈 여부를 판단하기 모호하니 밤 9시에 다시 검사를 실시하여 수혈 여부를 확정하자는 것이다. 3박 4일 병동이라 오늘 퇴원이 원칙이나 조혈모세포 기증을 위해 입원하셨고, 멀리 지방에서 서울까지 온 것을 고려하여 하루 더 입원하여 경과를 지켜본 후 퇴원하는 것이 좋겠다고 병원 측에서 배려를 해준다. 사실 어머니께서 지금 몸 상태로는 5시간 동안 버스를 타고 고향까지 내려가실 수 없는 상황이다. 간호사실에 감사의 인사를 드린다. 원칙을 고수하더라도 환자를 위한 배려가 동반될 수 있다면 존경받는 병원이라고 생각한다. 어머니께서 드실 간식을 구입해서 냉장고에 넣어두고 동생 병실로 향했다. 오랫동안 동생 병실을 비워둘 수 없기에 밤 9시에 다시 어머니 병실로 오기로 하고 101병동으로 향했다.

오늘부터 백혈구 촉진제 'G-CSF'를 투약한다. 백혈구와 과립구 수치가 정상으로 회복될 때까지 매일 1회 투약하는 주사제이다. 이식된 조혈모세포가 무사히 생착하여 깨끗한 혈액을 만들 수 있도록 간절히 바라는 마음으로 촉진제를 맞고 있다. 이제는 하루하루가 한 단계 한 단계를 지나가는 과정의 연속이다. 하루하루에 충실해야 그 다음 또 그리고 그 다음 단계를 향할 수 있는 것이다.

'G-CSF' 투약이 끝날 무렵 어머니께서 오늘 채집한 조혈모세포 양이 확인되었다. 1차와 2차를 더한 채집량이 3.8인데, 오늘 3차로 채집한 조혈모세포 양이 3.7이라고 한다. 혹시 비상 상황이 발생했을 때 새로 주입할 충분한 조혈모세포를 오늘 하루에 채집한 것이다. 오늘이 조혈모세포 채집 마지막 날이라고 생각하신 어머니께서 자신의 몸에서 자식을 위해 빼줄 수 있는 모든 것을 다 빼내다 보니 오늘 어머니의 몸이 수혈을 받을 정도에 이른 것임을 이제야 알게 되었다. 어머니의 자식 사랑 크기는 어디까지인지 그 끝을 짐작할 수 없다.

저녁 식사 시간이다. 어머니는 불편한 몸으로 혼자서 식사를 하고 계신다. 동생 식사를 챙겨주고 있으면서도 마음이 편하지 않다. 동생이 건강을 회복하여 퇴원하면 그때 못다 한 효도를 실컷 하자고 다짐한다. 동생은 저녁 식사를 거뜬히 하고 행복한 마음으로 휴식을 취하고 있다.

밤 9시가 넘어 어머니 병실로 향했다. 9시에 혈액을 채취해 갔다는 어머니의 전화를 받고 서둘러 병실로 내려왔다. 밤 10시가 조금 못되어 간호사실에서 연락이 왔다. 검사 결과 회복 속도가 빨라서 구태여 수혈을 하지 않아도 될 것 같다는 연락이다. 다행이다. 어머니께 3일 동안 채집한 조혈모세포 양과 오늘 채집한 조혈모세포의 향후 관리 방법에 대해 설명을 드렸다. 어머니께서도 좋아하신다.

조혈모세포 채집량이 부족하면 다시 입원해서 채집하는 방법도 고려했었다. 왜냐하면 4~5일 연속해서 조혈모세포를 채집할 수 있는 연세가 아니다. 그래서 보관할 조혈모세포 양이 부족하면 추후 몸을 추슬러 다시 입원해서 채집할 계획도 세웠었다. 다행히 3차 채집으로 충분한 것으로 확인되어 오늘 밤에 몸만 잘 회복하시면 넉넉하고 행복한 마음으로 고향에 내려가실 수 있는 것이다.

오늘 밤 혼자서 병실에서 주무실 어머니를 두고 동생 병실로 향하는 발걸음이 무겁다. 오늘이 세상 살면서 가장 행복한 날이라는 어머니는 행복한 미소로 나를 배웅하신다. 101병동에 도착했다. 오늘은 많은 일들이 있었다. 물론 행복한 일이 대부분인 알찬 하루를 마무리 한다.

17

:: 11일째, 5월 28일 ::

죄송한 마음

오전 11시, 단기 암병동 6층 병실에서 어머니를 만났다. 칠순의 연세에 3일간의 조혈모세포 채혈에도 굳건히 당신을 지키고 계신 어머니의 모습에 잠시 잃어버린 내 삶의 열정을 되찾는다. 하루에 3대뿐인 고향 가는 버스편을 맞추기 위해선 늦어도 11시 30분까지는 퇴원해야 하는데, 내 타는 속도 모르고 병동은 한가하기만 하다. 간호사실에 상황을 설명하고 퇴원 수속을 밟았다. 하루 더 병실에서 머무른 게 병원비에 큰 부담을 줄까 걱정인 어머님이 자꾸만 내 마음을 저리게 한다.

퇴원 수속을 마무리하고 짧은 시간이나마 같은 병실에서 인연을 맺은 분들과 서로의 건강을 걱정 해주는 작별 인사를 하고 병동을 나선다. 어김없이 항상 그 자리를 지키고 있는 택시를 손짓하여 암병원 앞으로 불러 세운다. 토요일이라 도로가 정체될 것을 예상하고 1시간 남짓 남은 버스 시간을 맞추기 위해 다소 서둘러 택시는 달리고 있다.

5월의 마지막 토요일, 서울시내는 예상했던 대로 정체 구간이 길다. 6월을 바라보는 한낮의 기온은 30도를 오르내리고 있다. 에어컨 온도를 적당하게 유지하며 달리는 택시 안에서 어머니는 연신 이마와 목덜미에서 흘러내리는 땀을 훔치고 계신다. "괜찮다."라는 말씀과 땀을 닦는 횟수가 거의 같아질 때쯤 가방에서 검은색 비닐봉지를 꺼냄과 동시에 어머니는 구토를 하시기 시작한다.

지난 며칠간의 긴장감이 풀린 것인지 아니면 지난 며칠간의 고된 시간의 마무리인지 알 수 없지만 한참을 구토를 하시고 겨우 강변역에 위치한 동서울터미널에 도착했다. 숨 돌릴 시간도, 어머니 몸 상태를 돌볼 겨를도 없이 바삐 터미널 안으로 빨려들 듯이 발걸음을 재촉한다.

"어머니 여기서 잠시만 기다리세요. 제가 표를 끊겠습니다."

표를 구하기 위한 사람들의 긴 줄 속으로 몸을 맡긴다. 내 차례가 되었을 쯤에 고개 돌려 어머니 계신 곳을 보았다. 언제부터인지 어머니는 그 자리에 쪼그리고 앉아서 구토를 하고 계신다. 가슴이 먹먹해진다. 눈시울이 붉어진다. 목이 타기 시작한다. 어머니의 모습에 눈물만이 답인 것 같아서 그냥 하염없이 나도 울고 있다.

가슴을 쓸어내릴 시간이 지나고 어머니께 다가간다. 출발 시각 오후 1시에 15분을 남기고 있다. 다음 버스는 오후 4시 30분. 고향까지는 4시간 20분이 소요되는 거리이다. 오후 1시에 출발하는 버스를 보내면 고향의 면 소재지에서 갈아탈 버스편을 맞출 수 없다는 것을 알고 계신 어머니는 무조건 지금 내려가시겠다고 하신다. 아무리 보아도 몸 상태가 장시간 버스를 타실 상황이 아니다. 그래서 다음 버스를 타시라고 아무리 말씀을 드려도 소용이 없다.

병실에 혼자 있는 동생에게 빨리 내가 가야 한다는 어머니의 확고한 의지는 무쇠도 녹일 것 같다. 칠십 평생을 그러하셨듯이 어머니는 스스로 추스르는 시간을 갖기 시작하신다. 10분쯤의 시간이 지난 후 평정을 되찾는 초인적인 능력은 자식을 향한 무한 사랑임을 확신할 수 있다. 병실에 있는 막내아들의 건강을 되찾기 위해 자신의 온몸 구석구석에 자리 잡고 있었던 조혈모세포를 사흘 동안 아낌없이 뽑아주신 것도 모자라 당신의 건강마저도 자식을 위해 뒷전인 어머니의 모습에 자꾸만 눈물이 난다. 어머니 앞에서는 보일 수 없는 눈물이기에 참고 또 참아야만 했다.

약속한 버스는 오후 1시 00분 정시에서 한 점의 오차도 없이 터미널을 빠져나간다. 어머니는 창밖으로 연신 손을 흔들어 보이신다. 버스가 완전히 터미널을 빠져나갈 때쯤 전화벨이 울린다. 어머니의 전화다. 당신의 건강은 신경 쓰지 말고 오직 동생이 있는 병실로 빨리 가라고 말씀하신다.

어머니의 자식 사랑은 무한 사랑임을 세상 사람들이 다 알겠지만 이렇게 가슴 저리게 느껴보는 사람은 얼마나 될까! 몸도 성하지 않으신 어머니께 해드릴 것이라고는 오로지 떠나는 버스에 손 흔드는 것밖에 없는 못난 자신이 죄송스럽고 한심스럽다. 무사히 고향에 도착하실지 걱정이 앞서지만 발걸음을 옮겨야 한다. 힘겹게 병실을 지키고 있는 동생에게 조금이라도 빨리 도착해서 함께 해주는 것이 지금 내가 할 수 있는 최선의 방법임을 어머니께서 알려주신 것이다. 5시간쯤 후에 고향에 무사히 도착하신 어머니의 모습을 그려보며 강변역으로 발걸음을 옮겼다.

2호선 시청 방향 플랫폼에 올라 복잡한 인파 속을 비켜 가장 끝 부분으로 걸어간다. 지금 이 순간은 세상 사람들과 섞이고 싶지 않은 강한 욕망이 발걸음을 재촉한다.

플랫폼 창밖으로 올림픽대교가 눈에 들어온다. 한강이 보인다. 속절없이 흐르는 강물을 바라보고 창가에 기대고 선다. 복잡한 이내 속을 알아줄 이 없는 세상에 괜히 화가 난다. 몸을 제대로 추스르지도 못하고 고향으로 내려가시는 어머니께 아무것도 해 드릴 게 없는 나 자신이 화가 난다. 불혹의 나이 마흔이라며 거창하게 떠들고 다닌 내가 너무 싫어진다. 세상을 원망할 수 없는 나 자신이 화가 난다. 서러워서 눈물이 흘렀다. 열심히 살았다고 떠들어댄 나 자신이 부끄러워서 눈물이 흘러내린다. 부모님을 제대로 모시지 못하는 나 자신이 원망스러워서 눈물이 흘러내린다. 소리 없이 흘러가는 한강을 보며 한참을 소리 없이 눈물은 흘러내린다. "눈물이 약이다."라는 어르신들의 말씀이 지금 내게는 소중한 보약이다. 창가에 기대어 강물에 취하고 눈물에 젖었다.

한참을 지난 시간 전화벨이 울린다. "병원에 잘 가고 있나?"라는 어머님의 전화를 받고 그제야 정신을 차리고 전철에 몸을 실었다. 어머니는 내 삶의 기둥이고 희망임을 오늘 다시금 깨달았다. '희망' 이란 단어를 어머니께 배웠고 '열정' 이란 단어를 어머니의 삶에서 몸소 느끼며 보낸 세월이다. 그래서 오늘도 달린다. 희망이 있기에 달린다. 뒤돌아볼 여유가 없다. 눈물 흘릴 시간이 있다면 희망의 미래를 보고 앞으로 걸어가야 함을 어머니께 배웠기에 달린다.

혜화역에 도착할 때에는 눈물은 보약이 되어 희망의 크기를 키우고 있을 것이란 확신을 다시금 한다. 그래 달리자. 희망은 곧 찾아올 것이다!

18
:: 12일째, 5월 29일 ::

나누는 마음

조계사 원심회(청각장애인 법회) 엄재면 회장님의 전화다. 야외 법회 끝나고 원심회 회원님들을 모시고 101병동으로 오시겠다는 전화다. 동생 면회가 불가하니 안 오셔도 된다고 말씀드렸지만, 회원님들의 성화에 꼭 가야 한다는 결론임을 통보하는 전화다. 그래서 오시라고 했다.

몸이 불편하신 분들이다. 남들보다 부족함을 갖고 태어나서 이 험한 세상을 부족한 분들끼리 서로서로 의지하며 생활하시는 분들의 병문안이기에 지극히 감사한 마음으로 환영하기로 했다. 몸이 불편한 분들이 먼 길을 찾아오심에 죄송한 마음이 앞서긴 하지만, 그분들의 따뜻한 마음을 소중하게 받는 것이 예의인 것 같다는 생각이다.

창 하나로 세상 밖을 내다보는 101병동 3호실에서는 찾아오는 분들이 무척이나 고맙다. 물론 병실에 들어오실 수 없지만 잠시 101병동 입구에서 몇 말씀 건네주는 것만으로도 세상 사는 이야기를 들을 수 있어 행복한 일이다.

5월의 마지막 일요일, 서울의 한낮 기온이 30도를 넘었다. 몸이 불편한 분들이 거리를 거닐기에는 힘든 온도다. 여든을 바라보는 할머니를 비롯한 원심회 회원님(어르신)들 몇 분이 엄재면 회장님의 안내를 받아 오후 3시쯤 101병동 앞에 도착하셨다. 휴게실로 안내하고 자리를 잡고 앉으시게 했다. 오늘은 내가 조계사 원심회에서 웃음 치료 봉사활동을 하는 날이다. 보잘것없는 실력이나마 원심회 회원님들과 함께 웃을 수 있는 시간인데, 오늘은 원심회에 갈 수 없으니 어르신들이 직접 나를 찾아오신 것이다.

잠시 수화로 인사를 나눈다. 며칠 동안 면도를 못한 얼굴에 병간호 긴장으로 반쪽인 내 얼굴을 보시고는 다들 걱정을 하신다. 그래도 내가 웃음 치료 선생님이니, 6년 고행 부처님의 길을 흉내라도 내보라고 어르신들이 농담을 던지신다. 김해 김가의 시조 할머니께서 그 옛날 인도에서 오셨으니 아예 틀린 말도 아닌 것 같다고 했더니 수긍을 하시며 웃으신다. 그래도 6년 고행은 너무 긴 시간인 것 같고 6개월만 하고 싶다고 했다.

6개월 수행 후에는 동생이 건강을 완전히 회복하고 행복한 삶을 시작할 수 있기를 간절히 바라는 마음이다. 농담으로 시작한 말이 진담이 되었다. 웃음 치료의 궁극적인 목적은 자아성찰이고 자기반성이니 제대로 된 웃음 치료를 조계사가 아니라 101병동에서 한 셈이다.

수술비가 얼마냐고 팔순을 바라보시는 할머니께서 물어보신다. 잠시 생각을 해본다. 사실을 말씀드리는 것이 이분들께 삶의 희망을 드릴 수 있을 것이라는 결론을 내리고 병원비를 말씀드렸다. 보험 처리가 안 되면 최고 1억 원, 보험 처리가 되면 5천만 원, 보험 처리에 지원금을 받으면 2~3천만 원 정도라고 말씀드렸다. 어르신들이 적지 않게 놀라신다. 병원비는 어떻게 하냐고 물어보시기에 은행에 가면 돈 많다고 했더니 다들 웃으신다.

사실 병원비 걱정을 한다고 당장 해결될 것이 없으니 그냥 병원비는 살짝 잊고 사는 것이 속편한 일임을 너무 잘 알기에 웃고 넘기는 것이 보약이다. 밥은 잘 챙겨 먹느냐고 어르신들이 물어보신다.

"제가 원심회 어르신들과 함께 생활하면서 복을 많이 받는 것 같습니다. 같은 병실의 환자 한 분은 가족의 정성이 가득한 환자만을 위한 죽을 드시기 때문에 그 분의 식사를 제가 대신 먹는 행운을 가지게 되었습니다."

당당하게 대답했다. 사실 101병동은 병동 전체가 무균실이기에 보호자를 위한 식사나 일체의 익히지 않은 외부 음식을 반입할 수 없다. 병동의 특성상 언제 어떠한 일들이 발생할지 모르는 상황이라 동생 곁을 조금이라도 비워둘 수 없다. 당연히 내가 식사를 할 수 있는 시간적 여유가 없다는 말이다. 그런데 같은 병실의 환자분의 식사로 나오는 무균식을 내가 먹을 수 있다는 것은 동생과 함께 할 수 있는 시간이 최대가 될 수 있기에 아주 행복한 일이다. 식사와 관련하여 설명을 드렸더니 어르신들이 당신 일처럼 좋아하신다.

엄재면 회장님이 바쁘시다. 큰 체구에 땀을 흘리며 걸어서 온 101병동에서 흘러내리는 땀을 훔쳐낼 시간도 없이 열심히 움직이고 계신다. 어르신들이 묻는 질문들에 대한 답을 수화에 젬병인 내가 말을 하면 회장님이 열심히 수화로 어르신들께 통역을 하기 위해 온몸을 부산히 움직이고 계신다. 보기 안쓰럽긴 하지만 어르신들 궁금점을 풀어드리는 것이 우선인지라 고생을 멈추게 할 수 없는 일이다. 원심회에서 웃음 치료 할 때는 정해져 있는 과정을 매번 반복적으로 진행하기에 수화 통역 없이도 웃음치료를 진행할 정도로 서로의 마음을 나눌 수 있었다. 하지만 오늘은 생소한 말씀을 드려야 하니 엄재면 회장님이 수화 통역에 바쁜 시간이 되었다.

동생이 어려운 과정을 잘 참아주고 있어서 힘이 나고 곧 좋은 소식을 전할 수 있을 것 같다고 말씀드렸다.

어르신 한 분이 말씀을 하신다. 부족함을 갖고 사는 사람들은 비장애인에 비해서 참을성이 많다고 한다. 어르신들은 들리지 않는다는 이유로 세상에서 버림받고 소외받는 일상의 일들이 냉혹한 현실이지만, 욕심내지 않는다고 하신다. 부족함을 현실로 받아들이는 삶이 훨씬 마음 편한 세상이며 그렇게 살다 보니 비장애인에 비해서 참을성이 많고 힘들고 어려운 일들을 잘 견딜 수 있게 된다는 말씀을 하신다. 동생도 긴 세월을 아픈 몸으로 살다 보니 부족한 현실에 만족하고 참고 견디는 삶을 살았을 것이고, 당연히 비장애인에 비해서 어려운 과정을 이겨낼 수 있는 힘이 클 것이라고 말씀해주신다.

비장애인 내가 알지 못하는 동생의 마음이다. 세상에서 가장 동생을 아끼고 사랑하는 사람은 나라는 건방진 생각을 하며 살아온 시간이었다. 오늘에야 난 알게 되었다. 내가 동생을 아끼는 마음은 단지 비장애인의 처지에서 바라보는 마음이지 동생의 처지에서 배려하고 생각한 것이 아님을 알게 되었다. 팔십 평생을 부족함으로 생활하신 어르신의 말씀이 앞으로 내가 살아가야 할 삶의 방향성을 제시해 주신다. 원심회 회원님들 모두가 같은 마음으로 동생의 건강을 회복할 수 있기를 바란다는 말씀을 하신다. 진실로 감사하고 또 감사한 일이다.

짧은 시간 많은 이야기를 하고 있다. 그만큼 원심회와 나의 인연은 소중하고 큰 것이라 생각한다. 함께 생각하고 함께 이야기 할 수 있다는 것은 행복한 일이다. 이심전심이란 말이 생각난다. 마음과 마음이 통하는 것을 일컫는 말이다. 원심회 어르신들과 내가 그런 관계인 것 같다. 수화를 거의 못하는 나와 원심회 어르신들과의 의사소통은 크게 문제가 없으니 이심전심이 적절하리라 생각한다.

6월 넷째 일요일엔 조계사 원심회에서 만나자고 하시며 기운

내라고 하신다. 가진 것으로 비교하자면 나보다 훨씬 가진 것이 없는 분들인데 마음만은 대한민국 최고의 부자인 것 같다. 마음이 부자이면 세상이 행복하다는 말이 빈말이 아님을 느끼고 있다. 부족함으로 평생을 살면서도 마음만은 부자로 살아가는 원심회 어르신들의 따뜻한 말씀에 정말 힘이 난다.

오랫동안 동생 곁을 비워둘 수 없기에 작별 인사를 하고 병실로 향하는 순간 엄재면 회장님이 봉투를 건네신다. 조계사 원심회 일동이란 글과 함께 "빠른 쾌유를 기원합니다."라고 적혀 있는 봉투를 건네신다.

원심회 회원님들의 마음과 마음이 가득 담긴 봉투를 감히 거절할 수 없어 감사한 마음으로 받았다. 그리고 진심으로 고개 숙여 감사의 인사를 올렸다. 매월 나라에서 지급되는 소액의 장애수당으로 생활하시는 분들이다. 그분들의 그 소중한 생활비인 장애 수당을 모아서 병원비에 보태라고 주신 것이다.

세상 사는 이야기다. 세상 사는 이야기는 이런 것이다. 부족함을 넉넉함으로 승화시키고 세상을 향해 자신의 부족함을 넉넉함으로 나눌 수 있는 세상. 세상 사는 이야기의 따뜻함을 몸소 느껴본다. 그 어떤 분들이 주시는 것보다 내게는 소중한 것이다. 소중함은 반드시 행복한 결과로 보답하리라 다짐한다.

팔순의 할머니께서는 따로 내 호주머니에 꼬깃꼬깃 접은 2만 원을 넣어주신다. 힘내라고 내 등을 두드려 주신다. 가슴이 찡하다. 뭐라고 드릴 말씀이 생각나지 않는다.

TV 프로그램 중에서 '1만 원의 행복' 이란 것이 생각난다. 2만 원의 행복! 아마도 그것이 진정한 참 행복이라 확신한다. 몸은 불편하지만 마음만은 최고로 행복하고 부자인 원심회 어르신들은 내게 삶의 희망을 던져주시고 엘리베이터 속으로 홀연히 사라지신다. 작지만 큰 행복을 마음껏 느껴본 시간이다. 병실로 돌아오니 동생도 기쁜 얼굴로 나를 반겨준다. 오늘은 참 행복한 날이다.

19

:: 13일째, 5월 30일 ::

지혈과의 전쟁

어젯밤 8시 20분에 히크만카테터 부위에서 출혈이 시작되었다. 움직이다가 히크만카테터가 좀 잡아당겨진 것 같다. 거즈를 교체하면서 확인한 결과 안정적으로 지혈되는 것으로 확인하고 그래도 걱정이 되어 손으로 지압하고 모래주머니로 밤새 지압을 했다.

오늘 오전 11시 20분에 히크만카테터 부위 거즈를 교체하는데 아직도 미세한 출혈이 진행되는 것으로 확인된다. 살짝 긴장이 되기 시작한다. 10일 전에 지혈이 안 되어 출혈이 16시간이나 지속되었기에 긴장을 늦출 수 없는 상황이다.

지압을 하고 거즈 교체를 하고 점심 식사를 한다. 조금 앉아 있다는 이유에서인가 다시 출혈이 시작된다. 점심 식사를 미루고 동생을 침대에 눕힌다. 일단 손으로 지압을 시도하고 비상벨을 누른다. 간호사님이 급히 달려와 출혈부의 거즈를 교체하고 다시 지압을 시도한다. 이번에는 모래주머니를 이용해서 지혈하라는 권고로 그렇게 진행한다. 잠시 숨을 돌리고 마음을 진정시킨다.

오후 2시 40분에 초음파검사 기기가 동생 침대 곁으로 이동을 해온다. 검사를 위해 지압용 모래주머니를 내려놓는 순간 아직도 출혈이 계속되고 있는 것을 확인하고 겁이 나기 시작한다. 최고의 지혈은 지압이라고 했는데, 어젯밤부터 벌써 몇 시간을 이러고 있는데도 지혈은 되지 않고 있다. 속이 탄다. 머리가 자꾸만 어지러워진다.

일단 초음파검사를 진행시킨다. 검사가 끝난 후 다시 비상벨을 눌러서 출혈 부위의 거즈를 교체하고 있는 힘껏 양손으로 지압을 시작한다. 내가 정성이 부족했나 싶기도 하고, 힘들어 하는 동생을 보고 있자니 마음이 너무 아프다. 눈을 감고 주문을 외워본다. 이번에는 꼭 지혈이 될 수 있도록 이 세상에 존재하는 모든 신들께 감히 빌어본다.

어젯밤부터 출혈과 지혈을 반복하고 있다. 이번에는 꼭 지혈이 지속되길 간절히 바라는 마음이다. 얼마나 손에 힘을 주고 있었는지 손에 마비가 온다. 두 시간을 침대 곁에 서서 양손으로 지압하고 있다. 혈소판 수치가 많이 떨어져 있기에 무작정 힘껏 지압을 할 수 없는 상황이다. 두 시간의 지압 후 출혈 부위를 확인한다. 일단 지혈이 된 것 같다. 20시간의 지혈과의 전쟁에서 승리하는 순간이다.

조혈모세포 이식의 힘든 과정을 잘 참고 견뎌주고 있는데 정작 히크만카테터 부위 출혈로 더 힘든 시간을 보내고 있다. 보기 안쓰럽다. 동생은 뼈가 단단해져 가는 골화석증과 골수섬유화증으로 조혈모세포 이식술을 진행하는 것이다. 그러다 보니 한 자리에 가만히 누워 있는 경우에는 온몸이 쑤시고 뻐근함을 느끼는 것이 당연한 증상이다. 출혈 부위 지혈을 하기 위해 두세 시간 지압을 하다 보면 몸을 전혀 움직일 수 없게 되고 동생은 온몸에 심각한 고통을 느끼게 된다.

이런 악순환의 반복이 히크만카테터 부위의 출혈이다. 혈소판 수치가 극히 낮은 경우에 동생과 같은 일들이 발생하긴 하지만 그 경우가 드물다고 한다. 지켜보는 나나 당사자인 동생 모두가 제일 힘든 과정인 것이다. 출혈만 멈춰주면 정말 다행인데 생각만큼 현실은 따라주지를 못하니 스스로에게 짜증이 나는 것은 당연한 일인 것 같다. 그래도 나는 짜증을 내면 안 되는데 그게 생각만큼 쉽지가 않다. 앞으로 몇 번이 더 진행될지 걱정이 앞선다. 강하게 긍정적인 생각만 해야 하는데 말이다.

2002년의 일이다. 그때 동생의 몸 상태는 지금보다 더 나쁜 상황이었다. 코피가 나면 지혈이 안 되어 응급실로 실려 가기 일쑤였다. 부산대학교병원 응급실은 동생의 단골집이 되었고 꽤나 유명인사로 대접받았다. 동생의 몸은 의학 교재에서나 접할 수 있는 특이한 경우이기 때문에 응급실에 있는 모든 의사 선생님과 간호사님들의 관심 대상이 된 것이다. 코피가 나서 응급실로 들어가도 치료 방법은 특별한 것이 없었다. 그저 몸에 있는 피가 많이 빠져나가고 심장으로부터 밀려나오는 혈압이 떨어질 때쯤 지혈제와 수액 및 농축 적혈구를 수혈하는 것으로 지혈하는 것이었다.

몸에 있는 혈액이 거의 다 빠져나간다는 것은 일반인들은 쉽게 상상할 수 없을 것이다. 물론 나도 잘 모르는 일이지만 동생의 이야기를 들어서 대략 그러하리라 짐작할 뿐이다.

몸에 있는 혈액이 거의 다 빠져나가면 간혹 '유체이탈'을 경험하기도 한다고 동생은 말한다. 누워 있는 자신의 몸을 몸 밖에서 본다는 것인데, 듣기만 해도 소름끼치는 일이지만 동생에게는 간혹 겪는 냉엄한 현실이었다.

그만큼 응급실에 실려 가서 지혈을 받는 과정이 힘들고 눈물겨운 과정인 것이다. 그때는 그러했다. 그리고 그 후에는 한약, 민간요법, 수지침 등 몸에 좋다는 것은 모든 것을 다 하다 보니, 어떤 이유인지는 몰라도 그러한 심각한 상태에서는 조금씩 벗어날 수 있게 되었다.

2002년에 비하면 지금의 상황은 좋은 편이다. 2003년부터 2년은 병원비를 마련한다는 이유로 아프리카에 위치한 리비아의 건설 현장에서 근무했기에 동생의 심각한 상황을 말로만 들었을 뿐 이렇게 옆에서 지켜보지 못했다. 동생과 둘이서 13일을 함께 병동에서 생활하고 있다. 고등학교 졸업하고 이렇게 긴 시간을 함께 하기는 처음인 것 같다. 동생의 힘든 과정을 곁에서 지켜보는 마음이 이렇게 힘들 줄 미처 몰랐다. 2002년에 비하면 지금의 상황은 희망으로 가는 과정이고 모든 일이 행복한 것이라 생각해야 하는데, 내 마음을 이리도 다잡지 못하고 동생 앞에서 약한 모습을 자주 보이니 그저 미안하고 미안할 따름이다.

20시간의 지혈 작전이 뭐 그리 대수일까! 당사자인 동생도 당당하게 받아들이고 있는데 내가 이렇게 가슴 조이며 어쩔 줄 모르고 있으니 큰일이다. 아예 '겁소남'이라고 소문이 났다. 101병동에 가장 겁 많고 소심한 남자라고 소문이 났다. 다른 보호자나 간병인은 대수롭지 않게 넘기는 일을 나만 방방 뛰며 간호사실로 달려간다고 붙여진 별명이란다. 겁이 많고 소심하면 뭐 어떨까? 동생이 쾌유되길 간절히 바라는 못난 형의 소망이 이루어진다면 나는 어떻게 불려도 상관없는 일이다.

긴 하루를 보내고 있다. 저녁 식사는 행복한 마음으로 한 그릇을 다 비운다. 항상 밝고 긍정적인 동생이 참 부럽다. 101병동에 오기까지 수없이 많은 고난과 시련의 시간이 있었음에도 불구하고 희망을 버리지 않고 항상 긍정적인 확신으로 오늘까지 견뎌 온 동생의 열정이 참 부럽다. 앞으로 살아가면서 내가 동생에게 틀림없이 배워야 할 부분이다.

오늘 하루 긴 시간을 보냈지만 또 한 걸음 희망으로 가는 발걸음을 앞으로 옮겨 놓았다는 생각이다. 한 걸음 한 걸음이 모이고 모이면 우리가 바라는 희망의 목표점에 틀림없이 도착하리라는 확신을 키운다. '내일은 희망!' 이란 말. 수없이 입에 담았다. 그리고 오늘도 당당하게 말한다. 기필코 내일은 희망이라고 말하고 있다.

20

:: 14일째, 5월 31일 ::

궁하면 통한다

히크만카테터 출혈로 20시간의 지혈과의 전쟁에서 승리한 줄 알았는데 오늘 또다시 출혈이 발생했다. 전임의 선생님, 주치의 선생님과 간호사님의 공통된 판단은 지압 외에는 특별한 방법이 없다는 결론이다.

잠을 자는 시간에 히크만카테터 줄이 동생도 모르게 조금 당겨진 것이 출혈의 원인으로 판단하고 동생과 나는 머리를 맞대고 고민을 한다. 시간이 지날수록 혈소판 수치가 떨어진다. 그러면 출혈로 인한 지혈은 점점 더 어려워지게 된다. 그 전에 해답을 찾아야 한다. 조혈모세포 이식이 목적이다. 지혈과의 전쟁을 하자고 입원한 것이 아닌데 며칠 동안 입원의 목적이 지혈이 되는 것처럼 느껴지는 상황이다. 창 밖에는 비가 내리고 있다. 비처럼 속 시원하게 해결할 수 있는 방법은 무엇일까?

동생이 휴대전화로 인터넷 검색을 하고 있다. 동생의 생각은 어깨 보호대 중 가슴 부위를 넓게 압박하는 것을 구입해서 착용한다면 히크만카테터 부위를 지압할 수 있고, 그렇게 된다면 만일의 부주의한 움직임으로부터 출혈에 이르게 하는 과정을 차단할 수 있다는 것이다.

좋은 생각이다. 역시 동생의 임기응변은 타의 추종을 불허한다. 동생의 휴대전화에는 벌써 몇 종류의 어깨보호대 샘플이 줄지어 서 있다. 그중에서 한두 개 제품은 정말 효과가 있을 것 같다는 판단이다. 여긴 대한민국 최고의 병원 서울대학교병원이다. 당연히 병원 근처에는 의료기 상사가 있을 것이란 기대를 한다.

우산을 챙겨 병실을 나섰다. 1층 현관을 빠져나가니 꽤 굵은 빗줄기가 사람들의 발걸음을 재촉하고 있다. 우산을 쓰고 빗속으로 들어간다. 시원하다. 우산을 통해 전달되는 비의 느낌이 좋다. 오랜만에 세상 속에서 세상을 느껴보는 시간이다. 101병동은 서울의 중심에 있지만 세상과 거리를 두고 존재하는 공간이다. 세상과 떨어진 시간 속을 여행하는 느낌이 강하다. 우산을 통해 전달되는 비의 감촉은 내가 세상과 함께 숨 쉬고 있음을 되찾게 해주고 있다.

빗속을 얼마 걷지 않아 의료기 상사를 쉽게 찾았다. 꽤 규모가 크다. 기대를 안고 안으로 들어갔다. 비가 내려서 그런지 손님은 별로 없다. 어깨 보호대를 찾는다고 하니 한 종류만 있다고 보여준다. 선택의 여지가 없다. 근처에서 제일 큰 의료기 상사를 찾았으니 다른 곳도 그러하리란 추측이 된다. 인터넷 세상임을 실감한다. 인터넷 쇼핑몰에는 많은 종류의 어깨 보호대가 있었는데 오프라인 매장에는 그렇지 않다. 물론 주문을 하면 며칠 후 배달해 준다고 한다. 하지만 동생은 바로 구입해서 착용해야 한다.

고민할 시간이 필요하지 않다. 나는 바로 구입해서 병실로 향했다. 빗줄기는 더 굵어지고 있다. 비가 오면 생겨나는 병이 있다. 나잇값도 하지 못하고 빗속을 뛰어다니는 심각한 병을 앓고 있다. 때론 추억이라는 핑계를 대고, 때론 일탈이라는 과한 단어를 잡아당겨서 맞추는 병이다. 잠재된 자아는 빗속을 그렇게 우산 없이 걸어보라고 보챈다. 하지만 오늘은 참아야 한다. 동생이 나를 손꼽아 기다리고 있기에 일탈이라는 단어를 당겨볼 여유가 없다. 발걸음을 재촉한다.

101병동에 도착했다. 생각은 동생이 하고 구입은 내가 한 것이지만, 우리 임의로 사용할 수 없는 것이 병원의 원칙이다. 주치의 선생님을 뵙고 상황을 설명했다. 물론 짧게! 그래도 충분히 이해하실 선생님이기에. 역시 그러하다. 주치의 선생님은 금방 상황을 판단하고 좋은 아이디어라고 칭찬하신다. 다행이다. 모든 일이 다행이라고 생각하지만 오늘 일은 정말 다행인 것이다.

병실에 도착해서 동생에게 보여준다. 동생도 흡족해 한다. 소독을 한다. 물론 문제는 없겠지만 101병동의 시작은 소독이기에 모든 외부 반입 제품을 소독하는 것이 원칙이다. 구입한 것은 오른쪽 어깨를 보호한다. 착용을 하니 오른쪽 가슴 부위에 위치한 히크만카테터를 안전하게 압박하지 못한다. 잠시 고민을 하다가 또다시 동생이 아이디어를 낸다. 구입한 오른쪽 어깨 보호대를 뒤집어서 착용하면 왼쪽 어깨 보호대가 된다. 왼쪽 어깨 보호대는 왼쪽 어깨를 감싸고 오른쪽 가슴 부위를 지나 오른쪽 겨드랑이 밑으로 밴드가 밀착된다. 오른쪽 어깨 보호대를 뒤집어서 왼쪽 어깨 보호대로 착용을 해본다. 그렇게 하니 오른쪽 가슴 부위에 위치한 히크만카테터가 안전하게 압박이 된다. 최고의 아이디어다. 동생의 순발력은 참 대단하다. 어깨 보호대를 착용하니 움직임에 훨씬 자유로움을 더할 수 있다. 양치질과 가글을 하는데 전혀 불편함이 없다.

잠을 잘 때나 평소 병실 생활을 할 때 히크만카테터로 인한 위험은 항상 존재할 수 있다. 잘못하여 히크만카테터가 당겨지게 되면 심한 출혈이 발생할 수 있는 것이다. 어깨 보호대로 안전하게 지압을 할 수 있게 되어 움직임에 자유로움을 더하고 안전한 병원 생활을 가능하게 할 것이다. 물론 앞으로 다소의 출혈은 있을 것이다. 혈소판 수치가 계속 떨어지고 있어 출혈은 당연한 일이겠지만, 심한 출혈은 방지할 수 있게 된 것이다.

안심하는 동생을 보니 행복하다. 아마도 동생의 아이디어는 101병동에 두고두고 회자 될 것이다. 물론 동생처럼 지혈이 잘 안 되는 환자가 없어야겠지만 조혈모세포 이식병동의 특성상 동생과 비슷한 경우가 많을 것이기에 좋은 예로 오랫동안 기억에 남을 것이라 생각한다.

창밖에는 비가 쉼 없이 내리고 있다. 삭막한 서울 하늘에 잠시나마 쉬어가는 삶의 여유를 만들어 주고 있는 것 같다. 비 내리는 101병동은 너무나도 고요하다.

:: 15일째, 6월 1일 ::

21 인도 총각

입원 보름째를 맞는다. 5월 25일 1차 조혈모세포 이식을 진행하고 7일째다. 이식수술 후 7일 정도 지나면 백혈구와 과립구 수치가 거의 '0' 에 가까워져 가는 것이 보통의 경우인데 동생은 바닥과 거리가 멀다. 수치가 자꾸만 위로 올라가고 있는 것이다. 사람마다 경우가 달라서 소요되는 날짜의 편차가 크니 넉넉한 마음으로 기다리는 것이 현명하다고 한다.

기다리는 것이 답인 생활이 101병동이다. 그래 기다리자. 얼마의 시간이든 기다려 보자. 기다려 보자고 다짐을 하지만 그것이 말처럼 쉽지가 않다. 속이 탄다. 물론 동생도 그러하겠지만 내색은 못하고 가슴앓이를 하고 있다.

달이 바뀌어 6월이 시작되고 있다. "참 세월 빠르다."라는 말을 실감하고 있다. 가는 시간이 야속하지만 내색하지 말고 기다리자고 다짐하며 동생 양치질 준비를 위해 101병동 복도 중앙에 있는 자외선 소독기 안에 있는 칫솔을 가지러 복도로 향했다.

101병동 생활 보름이면 병원 생활 신참을 벗어났다고 볼 수 있다. 101병동 이야기를 만들어 가고 있는 28인의 주인공과 28인의 엑스트라, 그리고 대한민국 최고의 의료진들과 목례로 서로의 안부를 주고받는 사이가 되었다.

항상 감사한 마음으로 지내면 더 좋은 일이 많은 것 같아서 요즘은 추억 속의 배꼽인사를 건네고 있다. 배꼽인사의 효과는 거의 대박 수준이다. 나이 마흔의 보잘것없는 노총각이 배꼽인사를 하며 101병동을 열심히 돌아다니고 있다. 노총각의 배꼽인사에 흡족해 하시는 분들이 많아지고 있다. 오늘도 어김없이 복도에서 만난 할머니 한 분께 배꼽인사를 올렸다. 처음 뵙는 분이다. 이상한지 한참을 보시더니 지나치다가 내 곁으로 되돌아오신다. 그리고 한 말씀 하신다.

"젊은이 배꼽인사를 하려면 예의를 제대로 알아야지. 병동에서는 선글라스를 끼는 게 아니지. 국민이 지켜야 할 올바른 예절을 제대로 알고 배꼽인사를 해야지."

나는 오늘 아침 국민의 기본 예절을 모르는 파렴치한 인간이 되고 말았다.

101병동 내에서는 누구나 마스크를 착용하고 생활한다. 얼굴의 대부분은 덴탈 마스크로 가리고 서로의 눈만 보이는 생활을 하는 것이다. 간혹 마스크를 벗은 서로의 얼굴을 보게 되면 얼굴을 못 알아보는 것은 허다한 경우다.

나는 101병동에서 '인도 총각' 으로 통한다. 구태여 '김해 김가' 가 아니라도 아는 사실이지만, 가야국 시조 김수로왕은 그 옛날 인도 아유타국 공주와 국제결혼을 했다. 그래서 김해 김가 사람들 중에서 인도 혈통을 제대로 받은 사람들은 인도 사람들처럼 눈 주위가 까맣고 가슴 부위에 별 필요도 없는 털이 많이 돋아 있다. 나도 제대로 된 혈통을 이어받은 이유로 눈 주위가 다크서클이 생긴 것처럼 까맣고 가슴부위에 털이 많다. 그래서 일반 안경을 끼고 있어도 선글라스를 낀 것처럼 보인다. 그런 이유로 오해를 많이 받았었다. 오늘 아침의 경우도 내가 선글라스를 끼고 있는 것으로 오해를 받은 것이다.

'인도 총각' 소문을 더 열심히 내야겠다. '인도 총각'을 널리 알려야 앞으로 오늘과 같은 경우가 발생하지 않을 것이라 생각한다.

'인도 총각'은 오늘도 열심히 배꼽인사를 건네며 101병동에 웃음거리를 제공하고 있다.

22 :: 16일째, 6월 2일 ::

인슐린 부작용

오후 2시 25분, 혈액 검사 결과 칼륨 수치가 갑자기 높아졌나고 간호사실이 분주해진다. 칼륨 수치가 높다니 처음 듣는 말이고 도대체 무슨 말인지 알 수 없다. 하지만 주치의 선생님과 간호사실이 바쁘다. 새로 링거 3팩을 추가로 주입한다. 약도 급하게 먹게 한다. 칼륨 수치가 높으면 부정맥이 동반되고 심장에 무리를 가하여 심각한 상황을 초래할 수 있다는 설명이다. 조혈모세포 이식 후 발생할 수 있는 부작용의 일종이라고 한다.

주치의 선생님과 간호사님의 조치에 상황만 지켜보고 있을 뿐이다. 한 번에 너무 많은 약물이 동생 몸속으로 들어가고 있는 것 같다는 생각만 하고 있다.

1시간이 지나고 있다. 별다른 반응은 없다. 괜한 걱정을 했나 싶을 정도다. 그 순간 동생이 갑자기 심장이 이상하다며 빨리 간호사님을 불러달라고 한다. 그러고 보니 동생의 심장 움직임이 너무 빠르다. 다급하게 간호사실로 뛰어간다. 비상벨을 누르면 되지만 그렇게 되면 간호사님이 병실에 왔다가 필요한 것을 준비해서 다시 병실로 오는 시간이 걸린다. 간호사실에 가서 상황 설명을 한다. 입원 16일째인 동생의 몸에서 근육량이 많이 줄었고 끊임없는 투약으로 몸이 많이 야윈 상태다. 갈비뼈 사이에 숨겨진 심장이 얼마나 급하게 뛰는지 동생 옆에 서 있는 내가 뚜렷하게 심장의 운동 소리와 형태를 느낄 정도이다. 태어나서 처음 경험하는 것이다. 동생도 자신의 심장 소리가 너무 크게 들리고, 심하게 빨리 움직여지는 것을 느끼는지 불안해하고 있다.

간호사님의 움직임이 빨라진다. 혈당의 수치를 체크하는 것 같다. 혈당 수치 59. 저혈당으로 인해 심장이 부족한 혈당을 보충하기 위해 과한 움직임을 보이는 것이라고 결론을 내렸다. 저혈당으로 오는 한시적인 쇼크라는 것이 결론이다. 칼륨 수치를 저하시키기 위해 인슐린을 사용했고, 인슐린 부작용으로 저혈당이 왔다는 것이다. 처음 인슐린 주사를 접하고는 부작용을 일으킨 것이다.

저혈당을 치료하기 위해 다시 링거 하나를 추가로 주입한다. 그리고 당분을 포함한 음료를 마시게 한다. 숨 막히는 10여 분의 시간이 지난다.

시간이 지나고 다시 혈당 검사를 한다. 혈당 검사 결과 수치는 '119'로 양호하다. 긴장과 걱정으로 정신이 혼미한 나에게 간호사님은 웃으면서 이야기한다.

"저희들도 한 번씩 과로나 스트레스가 쌓이면 혈당이 떨어지고 응급 처치를 받곤 해요. 너무 걱정하지 마세요."

저혈당이 이렇게 무서운 것인지 난생처음 경험한다. 경험의 대가치고는 너무 비싼 것 같다는 생각이다. 동생이 겨우 말을 건넨다.

"형아, 나 정말 무서웠다."

그래, 그 마음 이해할 것 같다. 지켜보는 나도 심장이 터질 것만 같은데 당하는 당사자는 오죽하겠냐는 생각이 든다. 측은한 마음이 든다.

조혈모세포 이식은 하루하루가 긴장의 연속임을 새삼 실감하고 있다. 퇴원하는 그날까지 긴장은 단 하루도 쉬는 날이 없다고 먼저 수술하신 분들이 말씀하신다. 단 하루라도 쉬는 날이 있다면 행복하다는 말을 어렴풋이 경험하고 있다는 생각이다. 직접 몸으로 경험하며 하루하루 최선을 다하는 동생이 대견하고 한편으로는 측은한 생각이다. 그래도 내일은 또 다른 희망이라는 생각으로 오늘도 하루를 넘긴다.

23 :: 17일째, 6월 3일 ::

첫 번째 샤워

무균실 생활의 기본은 생수를 먹지 않고 끓인 물을 마시는 것이다. 환자는 상태에 따라 무균식이나 저균식으로 식사를 하고 몸에 좋은 균이라고 하더라도 절대 균이 살아 있는 음식을 먹지 않는 것이 원칙이다. 환자가 마실 물은 보호자가 직접 끓여서 소독된 물병(주로 젖병을 사용함)에 담아서 환자에게 제공한다.

배선실에는 101병동의 또 다른 모습을 엿볼 수 있다. 배선실에 있는 전자레인지는 쉼 없이 돌아간다. 주로 물을 끓이는 경우가 많다. 물론 보호자를 위한 식사 준비에 사용되는 경우도 있지만 물을 끓이고, 칫솔을 소독하고, 식기를 소독하는 경우에 주로 사용된다. 그래서 아침엔 전자레인지 앞에 줄을 선다. 환자가 마실 물은 매일 새벽에 끓여서 식힌 후 아침부터 마시게 한다.

나는 물 끓이는 총각으로도 유명하다. 동생이 워낙 물을 많이 마시기에 하루에 1리터짜리 유리 주전자에 3~4번을 끓인다. 물을 많이 마시는 것은 좋은 것이기에 행복한 마음으로 물을 끓이고 있다. 물을 자주 끓이다 보니 내가 '물 끓이는 총각' 으로 유명해진 것이다. 싫지 않은 별명이다. 몸속에 있는 노폐물은 자주 몸 밖으로 빼줄수록 좋은 것이다. 물을 많이 마시는 것은 노폐물을 몸 밖으로 내보낼 확률을 높이는 것이기에 물 끓이는 총각은 행복한 별명이다.

오늘도 아침 일찍 전자레인지에 물병(젖병)을 소독하고 유리 주전자에 물을 끓이고 있다. 병동과 마찬가지로 배선실에서도 덴탈 마스크를 착용하는 것은 원칙이고, 이를 준수하고 있다.

마스크를 착용하고 열심히 물을 끓이고 있는 모습을 지켜보시던 간병인 한 분이 마스크 밑으로 삐져나온 수염을 보시고는 수염 깎는 예의에 대해 한 말씀 하신다. 마스크는 코와 입, 그리고 눈 아래 얼굴의 대부분을 가리긴 하지만 턱 아래를 가려주지는 못하는 것이다. 마스크를 착용해도 턱 아래에서 목으로 연결된 부분까지 덥수룩하게 길게 자란 수염을 감출 수 없다. 턱 아래 자란 수염을 보시고는 수염을 깎는 것이 예의가 아니냐는 말씀이다. 간병을 하시는 분들은 대부분 여성들이고 배선실을 이용하는 분들도 대부분 여성들이다 보니 수염이 마스크 밑으로 삐져나온 모습에 살짝 당황하신 모양이다. 물론 그분도 내가 하고 있는 복장이 위생 문제는 없음을 알고 계신다. 그래도 일리가 있는 말씀이다.

5월 18일 101병동에 입원을 한 후 나는 동생과 거의 같은 생활을 하고 있다. 몸에 상처가 나면 예기치 못한 상황이 발생할 수 있기에 환자들은 대부분 면도를 하지 않는다. 동생도 입원 후 한 번도 면도를 안 했고 나도 동생과 같은 생활을 하고 있다.

차게 마시는 물이나 음료는 장에 해로울 수 있다고 해서 동생과 나는 상온에 있는 물과 음료만 마시고 있다. 101병동 환자는 백혈구와 과립구 수치가 정상에 도달할 때까지 무균실 밖을 절대 나가지 않는다. 동생은 입원 후 101병동 문을 한 번도 나가지 않았다.

나도 어머니께서 서울에 도착하실 때, 입원 수속하실 때, 퇴원 수속하실 때를 제외하고는 거의 101병동을 벗어나지 않고 있다. 간혹 본원 건물 1층에 위치한 매점을 이용할 때도 본원 건물 밖으로는 나가지 않았다. 혹시나 병원 건물 밖으로 나가서 옷에 좋지 못한 균이 함께 들어올 수 있으므로 외부로 나가는 일을 없도록 하고 있다.

동생과 함께 생활하면서 서로가 최선을 다해야 행복한 마음으로 퇴원할 수 있을 것이란 신념으로 101병동 생활을 하고 있다. 깎지 못하는 수염은 퇴원 후 얼마든지 면도할 수 있기에 마스크 속으로 감춰두고 있는 것이다. 나만 면도하고 동생은 못하면 그것 자체가 내 마음을 아프게 하는 것이란 생각이 앞서 되도록 동생과 같은 생활을 하고 있는 것이다. 덕분에 오늘 수염 깎는 예의에 대해 한 말씀 듣게 된 것이다.

조혈모세포 이식 후 환자들이 제때 씻지를 못하는 경우가 많다. 움직임의 제약도 그러하고 혹시 움직이다가 오히려 다치기라도 하면 감당할 수 없는 심각한 결과를 초래할 수 있기에 씻는 것의 부자연스러움은 당연히 존재한다. 씻지 못하면 나쁜 균들이 몸을 괴롭히는 일이 생길 수 있다는 막연한 불안함이 입원 초기에는 있었다. 하지만 무균실이라는 곳이 외부의 출입을 금하고 무균실 안에서만 생활한다면 나쁜 균으로부터 철저하게 보호해 주는 곳이란 사실을 알고 한결 마음이 편해졌다. 따라서 좀 씻지 못하는 것은 그렇게 큰 부담이 아니라고 받아들이고 생활하고 있다.

히크만카테터 부위의 출혈이 걱정되어 샤워해볼 생각을 전혀 못했다. 오늘은 배선실에서의 일도 있고 해서 생각을 좀 바꾸기로 했다.

병실 생활은 밤 10시를 넘기면 대부분 불이 꺼진다. 충분한 수면이 건강에 최고라는 사실을 101병동에서 제대로 배우고 있다. 밤 11시가 넘어서 3호실에도 불이 꺼진다. 수건으로 몸을 자주 닦아주기는 했지만 17일 동안 한 번도 못한 샤워를 오늘 밤에 하기로 했다. 물론 히크만카테터 부위는 샤워를 할 수 없기에 가슴 아래로만 하는 이름만 샤워이긴 하지만 그래도 행복한 도전을 준비하고 있다.

병실 내 화장실 안에 조그마한 샤워 시설이 있다. 두 명이 함께 서서 샤워하기엔 비좁긴 하지만 이렇게라도 샤워를 할 수 있음이 행복한 일이다. 속옷을 준비하고 화장실 내 샤워실로 들어

갔다. 두 명이 나란히 서기에도 부족한 공간에서 조심스레 샤워를 시작한다. 한낮 기온이 30도를 오르내리는 여름밤이긴 하지만 찬 물은 금물이다. 물의 온도를 적정하게 맞춘 후 물로 몸을 깨끗이 마사지하고 다음은 비누칠을 골고루 한다. 17일 만의 샤워에 몸이 반응하는 모양이다. 간지러운 부분이 아우성을 친다. 비누칠한 몸을 물로 깨끗이 씻어주고 다시 비누칠을 한다. 조금 전보다는 간지러운 부분이 많이 줄었다. 비누칠을 열심히 하고 물로 비눗물을 깔끔하게 씻는다. 동생은 미끄러운 바닥에 혹시 모를 상황에 대비해 다리에 힘을 주고 서 있다. 하지만 오래 이렇게 힘을 주고 서 있을 수 없다. 샤워 꼭지로 몸을 다시 한 번 깔끔하게 씻고 마른 수건으로 물기가 없도록 깔끔하게 닦는다. 17일 만의 샤워는 마무리된다.

그래도 수염은 못 깎았다. 혹시나 상처가 나면 큰일이기에 수염은 그냥 두었다. 퇴원하는 그날 깔끔한 모습으로 면도하기로 하고 오늘은 그냥 넘어간다. 입원 17일 만에 겨우 이름만인 샤워를 하고는 행복해하는 모습에 마음이 아프다. 101병동이 아니면 샤워하는 것이야 언제라도 가능한 일상생활의 극히 소소한 한 부분인데 이곳에서는 그 소소한 부분이 대단한 의미를 부여하고 있다.

오늘의 이 과정은 행복한 모습으로 퇴원할 그날에 아름다운 추억으로 자리 잡을 것이다. 오늘은 최고로 행복한 밤을 보낼 것이다. 그리고 내일은 최고로 행복한 아침을 맞이할 것이다.

24

:: 18일째, 6월 4일 ::

아이패드 Ⅱ로 영화를 보다

입원을 준비하면서 입원하면 무균실 비닐 커튼 안에서 24시간을 보내는 것이 101병동의 생활이라는 말을 듣고, 할 수 있는 소일거리를 찾아보았다. 물론 이식수술 후의 시간이 대부분이고 진행 과정이 무난하다고 가정한 후의 소일거리다. 책이나 잡지는 먼지를 유발할 수 있기에 되도록 배제하기로 했다. 그 다음은 노트북을 이용해 영화를 보는 것인데, 오래된 노트북은 기기 내부에 나쁜 균이 내재할 수 있기에 부적절하게 보이고, 크거나 무게가 있는 노트북은 다루기에 힘겨울 수 있다.

그래서 결론을 내렸다. 아이패드나 갤럭시탭을 구입해서 유용하게 사용하기로 했다. 갤럭시탭은 크기가 좀 작고 그렇다고 10.1인치가 시판될 때는 입원 후의 이야기이다. 아이패드 Ⅱ는 현재 판매 중이고 무게가 가벼우면서 화면의 크기가 적당하니 영화를 보기엔 안성맞춤이라고 생각하고 구입을 결정했다. 동생이 부산에서 구입하기로 했는데, 공급 물량이 부족하여 입원 후 병원으로 보내주기로 하고 입원을 했다.

중국 공장에 화재가 발생하여 아이패드 Ⅱ 생산에 차질이 발생했다는 소식을 101병동에서 뉴스를 통해 접했다. 입원하고 며칠 안에 받을 수 있다는 기대를 했는데 좀 더 여유를 갖고 있어야 했다. 기대를 많이 한 동생인데 은근히 실망하는 기색이었다. 어쩔 수 없는 현실에 적응을 잘하는 동생이 금방 이해할 것이라 기대했다. 그렇게 보낸 시간이 입원 18일째다.

아이패드 Ⅱ가 오전에 택배로 도착했다. 병동 앞에서 택배 기사님이 안전하게 전달을 해준다. 얼른 병실로 들어와서 동생에게 보여준다. 비닐 커튼 안에서 동생이 할 수 있는 일이 한 가지 더 생긴다. 무게가 적당하여 동생이 사용하기에 아주 편리하다. 스티브 잡스도 췌장암을 앓았다더니 아픈 사람이 사용하는데 불편이 없도록 아주 잘 만들어졌다.

동생에게 소일거리가 생긴다는 것은 희망을 더하는 요소가 생긴다는 것을 의미한다. 그 무엇이든 희망을 지속적으로 되새기게 하는 것이 제일 중요하다. 아이패드 Ⅱ는 틀림없이 희망을 간직하게 하는 요소가 되어줄 것이다.

동생은 휴대전화를 구입해도 꼭 액정에 보호 필름을 붙이고 케이스를 씌워서 사용한다. 아이패드 Ⅱ도 예외가 될 수 없다. 대학로에 가면 에이숍(a#shop)이 있을 것이란 기대로 병실을 나섰다.

서울대학교병원 후문을 나서면 대학로다. 6월의 대학로는 젊음의 기운이 가득하다. 생동감이 넘친다. 초췌한 모습은 수염에 가려진 얼굴처럼 대학로 인파 속으로 감춰지고 있다. 다행이 얼마 걷지 않아 에이숍을 찾았다. 액정 보호 필름, 뒷면 커버, 스마트 커버, 이어폰 등을 구입했다. 구입비가 꽤 된다. 애플이 살아남는 방법을 어렴풋이 알 것 같다. 필요한 물품을 구입했으니 지체할 시간이 없다. 병실로 향했다. 구입한 액세서리를 장착하니 폼이 난다.

폼 나는 아이패드 Ⅱ는 비닐 커튼 속에서 동생의 친한 친구가 되었다. 인터넷 검색도 하고 영화도 보고 아이패드 Ⅱ 재미에 쑥 빠진 동생의 모습이 마냥 행복해 보인다. 어려울 때 친구가 진정한 친구란 말이 생각난다. 아이패드 Ⅱ는 어려운 시기에 진정한 친구가 되어줄 것이다. 오늘 하루도 행복한 이야기로 만들어가고 있다.

25 :: 19일째, 6월 5일 ::

흙에 살리라

매월 첫째 일요일은 경기도 화성시에 위치한 묘희원(사회복지법인)에 봉사활동 가는 날이다. 법정 스님께서 길상사를 기반으로 설립하신 (사)맑고 향기롭게 회원님들과 함께 하는 행복한 시간이다. 오전 8시 20분에 사당역 10번 출구에서 만나 승합차 2대로 출발하여 주로 농사를 짓는 봉사활동을 한다. 온종일 땀 흘리며 흙과 함께 시간을 보내고 서울에 돌아오면 내 속에 잠재하고 있는 삶의 찌꺼기를 모조리 흙에 토해내고 오는 느낌이다.

2009년 12월에 인연을 맺고 시작한 봉사활동으로 여러 종류의 봉사활동 중에서 애착이 많이 가는 활동이다. 농사꾼의 아들로 태어나 흙에서 생활하고 흙과 함께 성장한 나에게 서울생활은 다소 거리감이 있다. 직장이 서울이다 보니 고향에 자주 갈 수 없고, 흙을 접할 시간은 거의 없다. 매월 첫째 일요일은 흙과 함께 보낼 수 있는 시간이라 열 일을 마다하고 꼭 참석하며 소중한 인연을 만들어 왔다.

오늘은 6월 첫째 일요일이다. 몸은 101병동에 있지만 마음은 묘희원에 함께 가고 있다. 동생 수술을 결정하고 준비를 핑계로 5월에도 참석을 못했기에 죄송한 마음이다.

6월이라 할 일이 많을 텐데……. 묘희원 봉사 회원 중에서 나는 젊은 편이고 또한 시골에서 성장했기에 내가 할 수 있는 일이 많다. 물론 힘을 쓰는 일은 본래 적성에 맞다. 지금쯤 고추밭에서 할 일이 많은 시기다. 어제 모듬장(봉사활동을 준비하고 연락하는 팀장)께 다음 달에는 함께 참석할 수 있기를 희망하는 마음으로 문자를 보냈다. 점심 시간에 문자가 왔다. 봉사활동 식사 시간에 내 이야기를 모듬장님이 꺼내신 모양이다. 봉사활동 끝나고 서울 도착하면 병원에 오시겠다는 연락이다. 괜히 어제 문자를 보내 회원님들께 불편을 초래한 것은 아닌가 미안한 마음이다. 그래도 반가운 얼굴 볼 수 있다니 내심 좋기도 하다.

오후 5시가 넘어 묘희원 이동희 총무님의 문자가 왔다. 101병동 옆 휴게실에 도착했다는 문자다. 평소 늦게 끝나는 봉사활동인데 오늘은 병원에 오실 생각으로 조금 일찍 끝내고 오신 것 같다.

한인섭 모듬장님과 이동희 총무님을 비롯하여 일곱 분이 병동 입구 10층 휴게실에 계신다. 6월의 태양 아래 흘린 땀의 행복함이 느껴진다. 인사를 나눴다. 먼 길 가벼운 마음으로 와주신 분들께 진심으로 감사의 인사를 드렸다.

손님들이 오셨는데 대접할 것이 아무것도 없다. 일반 병실 같으면 시원한 음료수라도 드릴 수 있는데 101병동에는 마음만 있다. 와주셔서 감사한 마음이고 이야기 나눌 수 있어 감사한 마음이다. 그저 감사한 마음만 진심으로 감사하게 전달하고 있다.

회원 중에는 간호사님도 있다. 묘희원에서 10년 이상 봉사활동을 한 봉사의 달인이다. 아마도 천성이 그렇게 태어났기에 평생을 남을 위해서 자신의 것을 나누고 공유하는 삶을 살아가는 것 같다. 거기에 비하면 나는 보잘것없는 인생인데 그래도 이렇게 찾아주시니 행복한 마음을 감출 수 없다.

19일 동안의 이야기를 간략하게 말씀드렸다. "고통은 나누면 반이 되고 행복은 나누면 배가 된다."라는 옛말이 틀리지 않음을 알 것 같다. 시간이 약이니 조금만 참아보면 행복한 일 많을 것이라고 조언해 주신다. 기다리면 행복한 시간이 올 것이란 말씀이 오랫동안 가슴속에 머물러 있다. 시간이 약이다. 그래 시간이 약이라고 생각하자.

너무 오래 병실을 비우면 안 된다며 회원님들이 먼저 일어선다. 타인을 위한 배려가 몸에 익숙한 분들이다. 잘은 모르지만 아마도 평생을 타인을 배려하며 살았을 것이라 감히 생각해 본다. 한인섭 모듬장님이 봉투를 건네신다. 묘희원 회원들의 작은 마음이니 받아달라는 것이다. 긴 시간을 함께 한 인연도 아닌데 함께 흘린 땀방울의 가치가 큰 모양이다. 거절할 수 없다. 먼 길을 기쁜 마음으로 와주시고 정성으로 모아주신 마음을 거절할 수 없음이다. 7월 첫째 일요일엔 함께할 수 있기를 간절하게 바라는 마음으로 감사하게 받았다. 7월엔 봉사활동 끝나고 사당역에 도착하면 시원한 막걸리 한잔 대접하겠다고 말씀드렸더니 다들 좋아하신다.

그래, 7월을 기다리자. 7월에는 모두가 행복한 모습으로 만날 수 있기를 희망하며 오늘도 의미 있는 하루를 만들고 있다.

26 :: 20일째, 6월 6일 ::

또 다른 10년

어떤 이는 호국 영령의 후예로 국립대전현충원으로 향하고, 어떤 이는 6월 4일부터 이어진 황금연휴에 산으로 바다로 국외로 향하고, 어떤 이는 101병동에서 병마와 싸우고 있다. 사람의 삶이 이래서 재미있다고 생각한다. 때론 기쁘고, 때론 슬프고, 때론 행복한 것이 세상 사는 이야기라 그래서 살맛 나는 인생이라 생각한다.

101병동도 연휴를 아는가 보다. 오늘 28인의 주인공들이 무탈하게 하루를 보내고 있다. 언제 어떤 상황이 발생할지 모르는 곳이 101병동인데, 오늘은 사흘 연휴를 알고 있는 듯 의사선생님들과 간호사님들도 좀 쉬시라고 그런 것인지 참 조용하다. 때론 이렇게 쉬어가는 날도 있어야 고달픈 심신을 달랠 수 있으리라.

그 누가 우리나라를 고요한 아침의 나라라고 했던가? 오늘

101병동이 그러하다. 안개 낀 장충단공원에 고요한 아침의 나라를 더한 것 같다. 너무나도 고요하지만 안갯속에 무엇이 감춰져 있는지 아무도 모르는 상황이 101병동의 오늘이다.

오늘은 동생이 내가 생활하는 보호자용 의자 겸 간의 침대에 내려와 앉아 있다. 상황에 따라 비닐 커튼 밖으로 잠시 나올 수 있기에 침대에서 내려와서 내 곁에 앉아 있다.

동생이 여유를 갖는 사이 인터넷에 접속을 해본다. 며칠 전에 KBS '인간극장'에 가족 이야기를 올렸는데 소식이 있나 싶어 접속을 했다. 아직 별 반응이 없다. 하기야 우리 가족 같은 삶이 많기도 할 것이란 생각을 하긴 했지만 이렇게 반응이 없으니 감정이 좀 혼란스럽다. 그래서 오늘은 MBC '휴먼 다큐멘터리 사랑'에 우리 가족 이야기를 올려보았다. 어디서라도 반응이 오길 간절히 바라는 마음으로 올려본다.

여태껏 방송에 우리 가족이 살아가는 이야기를 올려보고 싶었지만 그럴 용기가 없었다. 답도 없는 인생을 구태여 방송에 내보낸다고 달라질 것이 없다는 생각이 우선이었기에 그렇게 할 수 없었다. 하지만 지금은 다르다. 동생 골수이식이 잘되었고 경과를 지켜보는 중이라 행복한 희망을 꿈꿀 수 있는 상황이고, 누나도 11월에는 수술할 수 있을 것 같다. 우리 가족 이야기가 방송을 통해 소개되고 세상 사람들에게 희망을 전달할 수 있다면, 지난 10년의 시간에 대한 최고의 보상이라는 생각이다. 아무리 열정이 강한 사람도 스스로 그 열정을 찾고자 하면 힘들고 어렵다. 하지만 타인의 삶을 통한 간접 경험으로 열정을 찾고 희망의 결과를 얻는 것은 쉬울 수 있다. 우리 가족이 살아온 이야기가 세상 사람들에게 조금이나마 도움이 될 수 있기를 간절히 바라는 마음으로 방송에 소재를 올려보고 있다.

10년의 기다림은 헛된 세월이 아님을 확신하고 있다.

용기는 희망의 또 다른 말이다. 희망이 커질수록 용기는 커졌고 도전이라는 새싹을 싹트게 했다. 새로움에 대한 도전이다. 물론 쉽게 이뤄질 일은 아니겠지만, 희망 없이 살아가는 많은 분들과 당찬 희망을 함께 하겠다는 의지로 새로운 도전을 시작하고 있다. 10년 전 답도 없던 인생이 10년을 돌고 돌아 101병동에서 희망을 찾고 있듯이, 눈앞에 보이는 답이 아니라 얼마의 시간이 걸리더라도 오늘의 도전은 또 다른 희망을 시작하는 새로운 도전임이 틀림없다.

지금 이 시간 나는 동생과 나란히 앉아 글을 올리고 있다. 또 다른 10년이 지나 동생과 함께 나란히 앉아 지난 10년을 되돌아보며 미소 지을 수 있기를 간절히 바라는 마음이다.

27

:: 21일째, 6월 7일 ::

생명의 신비로움

이삼일 전부터 온몸의 뼈마디가 쑤시고 아프다더니 오늘은 상황이 심각하다. 진통제를 추가로 복용했다. 통증이 심하여 식사를 제대로 못 하고 있다. 보다 못한 간호사님이 주치의 선생님께 처방을 받아 식욕 촉진제를 투약한다. 조혈모세포 이식 후 백혈구 촉진제인 'G-CSF'를 투약하면 뼈마디가 욱신거린다고 하지만 상태가 심각해 보인다. 어머니의 조혈모세포가 동생 몸속에서 자리를 잡으려고 하는 것인지 고통이 심하다.

5월 25일 1차 조혈모세포 이식을 했으니 오늘이 이식 13일째다. 사람에 따라 차이가 있지만 조혈모세포 이식 후 면역 억제제를 투여하기 때문에 보통 7~10일 정도면 백혈구와 과립구 수치가 거의 '0'에 가까워진다. 수치가 하늘 높은 줄 모르고 치솟아 올라가더니 그제부터 떨어지는 기미가 보인다. 어제는 백혈구

790(정상인 수치 3,000 이상)에 과립구 277(정상인 수치 1,000 이상)이고 오늘은 백혈구 750에 과립구 278이다.

조혈모세포 이식은 완전 이식과 미니 이식으로 나눌 수 있는데, 환자의 건강 상태 및 종합적인 여건을 고려하여 수술 방법을 결정한다. 동생은 미니 이식으로 진행하고 있다. 완전 이식은 백혈구와 과립구 수치가 '0'이 된 후 정상 수치로 회복하는 과정을 보이고, 미니 이식은 '0'에 근접하다가 정상 수치로 회복한다. 그러다 보니 미니 이식술인 경우는 '0'에 근접하는 바닥이라고 하는 수치를 정확하게 가늠할 수 없다. 사람에 따라 과립구 수치가 100인 경우도 있고 300인 경우도 있다. 백혈구와 과립구 수치가 바닥이라고 결정되는 시기는 더는 수치가 떨어지지 않고 꾸준히 상승하여 정상 수치를 회복하게 되면 수치 그래프의 최하단이 바닥이라고 하는 저점이 되는 것이다.

동생의 과립구 수치는 이식수술 후 계속 1,000을 넘다가 며칠 떨어지더니 어제부터 오늘까지 277~278에 머물고 있다. 며칠 지나서 수치 그래프가 상향 곡선을 그린다면 오늘의 이 수치는 최저점이 된다. 다시 말해서 조혈모세포 이식 후 회복 과정에 진입했다고 결론을 내릴 수 있는 것이다. 그렇다면 참 행복한 일인데 아직 저점임을 장담할 수 없다는 것이 냉정한 현실이다.

어제부터는 식사를 못할 정도로 온몸의 뼈 마디마디에 통증을 느끼고 있다. 조혈모세포 이식을 받은 5월 25일부터 백혈구 촉진제를 투약하고 있다. 동생의 몸속에 있는 백혈구와 과립구가 사라지고 나면 새롭게 몸속으로 들어간 어머니의 조혈모세포가 활동을 시작하여 새로운 백혈구와 과립구를 생성하게 된다. 이를 돕는 역할을 하는 것이 백혈구 촉진제 'G-CSF' 이다. 제대로 역할을 한다면 지금쯤 골수가 있는 공간으로 들어가 어머니의 조혈모세포가 자리를 잡기 시작하는 시점이다.

이식 13일째다. 보통의 조혈모세포 이식에 비해 시간이 더디게 진행되지만 결코 빠르게 진행된다고 좋은 것만은 아니다. 제대로 자리를 잡고 서서히 영역을 넓혀가면서 몸에 올바르게 생착하여 문제가 없는 백혈구와 과립구를 생성시키면 되는 것이다. 짧은 식견으로 지금의 통증은 희망의 시작이라고 생각할 수 있는 일이다. 그래서 동생도 최대한 고통을 이겨 보려고 무지 노력하고 있다.

38년을 동생 몸속에서 함께한 조혈모세포가 둥지를 떠나는 것이다. 그리고 그 자리에 38년 전에 어머니께 물려받은 태초의 그 조혈모세포를 다시 받아들이고 있는 것이다.

이것을 어찌 의학적인 용어로만 규정하여 말할 수 있으랴! 힘들고 고통스러운 과정을 어찌 수치로만 말할 수 있겠는가. 보통의 또는 통상적인 경우라고 단정하여 얼마의 시간이 소요될 예정이며, 어느 정도의 통증이 있을 수 있다는 것은 학문적인 것일 뿐 생명의 신비로움을 모두 다 표현하기에 부족할 것이라 생각한다. 동생의 고통을 가늠할 수 없다. 하지만 그 고통의 의미는 틀림없이 값진 것이고 심오한 것임을 짐작해 볼 수 있다. 인내하고 있다. 말없이 식사도 거른 채 담담히 인내로 받아들이고 견디고 있다.

짐작하는 것과 몸으로 느끼는 것은 다르기에 지금 이 순간 내가 해줄 수 있는 말이 없다. 손을 꼭 잡고 잘 버텨주기를 간절히 바라는 마음을 전할 뿐 그 이상의 행동을 할 수 없다. 오늘의 이 고통이 희망의 원천이 되길 간절히 바라는 마음이다. 동생과 내가 바라는 것은 하나이고, 그 하나의 힘은 기필코 이루어질 수 있음을 확신하는 마음으로 손을 꼭 잡고 있다. 희망의 확신은 뜨거운 열정이 되어 서로에게 체온으로 전달되고 있다.

28

:: 22일째, 6월 8일 ::

극심한 가려움

어제의 통증은 밤을 넘기면서 조금씩 수그러들고 있다. 심한 통증에 식사를 제대로 못 하고 버텨온 시간이다. 통증이 좀 가시는 것 같아 다행이다. 점심 식사로 나온 죽을 1/3가량 비운다. '먹는 게 남는 것'이란 진리는 101병동에서는 철저한 원칙이다. 무조건 먹어야 견뎌낼 수 있다.

점심 식사 후 기력을 되찾나 싶었는데 또 다른 고통을 호소하기 시작한다. 온몸이 가려워서 견딜 수 없다는 것이다. 상황이 심각하다. 그냥 가려운 정도가 아닌 것 같다. 가려움을 해소해주는 약을 처방받아 복용한다. 시간이 지나도 호전될 기미가 보이지 않는다. 다시 가려움을 저하해 주는 주사제를 맞았다. 저녁 식사를 제대로 하지 못한다. 보고 있는 것이 안타까울 뿐이다.

차가운 수건으로 온몸을 마사지하듯 가볍게 두드려주면 좋다고 하여 그렇게 하고 있다. 조혈모세포 이식의 부작용은 예측을 허락하지 않는 경우도 많다. 지금 온몸에 극심한 가려움의 통증이 어떤 징후인지 정확하게 알 수 없다고 한다. 오늘 점심나절에 농축 적혈구를 수혈한 부작용인지, 조혈모세포 이식편대 숙주반응인지, 본래 피부가 가려움에 민감한 것인지, 아니면 어떤 알지 못하는 바이러스가 문제를 일으키는 것인지 현재로서는 알 수 없다는 것이다.

알 수 없다는 것이 환자의 마음을 더욱더 고통스럽게 한다. 아파 본 사람들은 공유하는 것이 있다. 어떤 병이든 낮에는 사람들과 지내면서 아픈 것을 조금이나마 잊을 수 있는데, 밤이 되면 어김없이 그 고통이 배가 된다는 사실이다. 아픈 것이 삶이라고 해도 과언이 아닌 것이 동생의 삶이다. 동생은 지금 밤을 걱정하고 있는 것이다. 밤에 찾아올 말로는 설명할 수 없는 배가 되는 고통을 걱정하고 있는 것이다.

밤 11시, 가려움을 없애 주는 주사를 추가로 맞았다. 제발 가려움의 고통이 사라지기를 간절히 바라는 마음으로 기도해본다. 궁하면 통한다는 것이 이루어지길 간절히 바라는 마음이다.

시각은 자정을 넘기고 있다. 예상했던 대로 밤이 깊어질수록 온몸 구석구석이 가려움의 고통을 이겨내지 못하고 있다. 잠이라도 잘 수 있다면 고통을 잊을 수 있을 텐데. 하기야 오늘과 같이 고통이 심한데 어찌 잠을 청할 수 있겠는가! 잠을 청할 수 없다면 약의 도움을 받아보자. 주치의 선생님의 처방을 받아 새벽

1시 37분에 수면제(Zolpidem 10mg 0.5tab)를 복용했다. 부채질도 해보고 가려운 데를 얼음 팩으로 마사지도 해본다. 약의 효과가 없더라도 약에 취해서 잘 수 있을 정도가 아닐지 혼자 생각해본다.

새벽 3시가 넘어서자 온몸을 손톱으로 긁기 시작한다. 혈소판 수치가 낮기 때문에 손톱으로 긁게 되면 피하 출혈이 발생할 위험이 있다. 그래서 지금은 절대 손톱으로 피부를 자극하면 안 되는 시점이다. 동생도 그 사실을 잘 알고 있다. 하지만 지금 동생이 자기 손톱으로 자신의 몸을 긁기 시작하는 것은 아마도 수면제의 효과로 반수면 상태로 자신도 모르게 긁기 시작하는 것 같다.

급히 간호사님께 알렸다. 처방은 양말을 손에 끼우라는 것이다. 손을 묶으면 예기치 못한 상황들이 발생할 수 있다. 손에 양말을 끼우면 긁어도 상처가 나지 않는다. 재빨리 양손에 양말을 끼운다. 동생은 지금 자신의 의지와 무관한 행동을 하고 있다. 손으로 긁으려고 하는 곳을 얼음 팩으로 가볍게 마사지를 해준다. 좀 있다 다른 곳으로, 그리고 좀 있다 다른 곳으로 손을 옮기고 있다. 내 손은 동생의 손을 따라 움직이며 얼음 팩으로 열심히 마사지를 해준다. 온몸에 지도를 그리고 있다. 동생의 손이 선두주자고 내 손은 그를 따르는 시종이다. 시간은 새벽 5시를 넘어 아침을 맞이하고 있다.

아침 6시다. 동생은 비몽사몽으로, 나는 뜬눈으로 아침을 맞이한다. 창밖으로 어둠의 흔적들이 자취를 감추고 있다. 아침의 첨병들이 창문 너머 세상을 서서히 밝히기 시작한다. 그렇게 기다리던 아침이다. 밤새 날이 밝으면 고통은 줄어들 것이란 기대를 하고 있었다. 서서히 수면제의 효과가 사라지고 있다. 동생이 눈을 뜬다. 그리고 침대에서 일어나 앉는다. 동생도 이렇게 누워만 있어서는 안 된다고 생각한 모양이다.

아이패드 Ⅱ로 영화를 보기 시작한다. 가려움의 고통은 사라지지 않지만 고통에서 잠시 시선을 돌려보고자 하는 동생의 강한 의지가 보인다. 하늘도 무심하지 않은 것 같다. 고통을 무시하겠다는 동생의 강한 의지 앞에 고통의 강도를 조금씩 줄여주고 있는 것 같다.

찬란한 태양이 창문을 강하게 비춰주고 있다. 긴 밤을 고통 속에 힘들어한 동생의 아픔을 감싸주고 있는 것 같다. 어김없이 아침은 밝아온다. 긴 밤의 아름다운 추억이든 아니면 절대 기억하고 싶지 않은 추억이든 밤을 넘기면 어김없이 아침은 밝아온다. 아침은 새로운 하루를 시작하는 것이다. 어제의 몹쓸 기억은 찬란한 태양 속으로 던져버리고 오늘을 맞고 있다. 오늘은 어제와는 다른, 기필코 행복한 시간일 것이란 기대로 시작한다.

29 :: 23일째, 6월 9일 ::

배선실은 희망을 나누는 곳

무균실의 주인공이 희망을 꿈꾸는 28명의 환자들이라면 배선실의 주인공은 28명의 보호자들이다. 하루 24시간을 밀착하여 간병하는 보호자들은 하루하루 전쟁과도 같은 시간을 보내고 있다.

28명의 주인공들이 식사를 끝내고 나면 28명의 조연들은 배선실에 모여 나름의 희망을 나눈다. 빨래터의 주인공은 아낙네지만 배선실의 주인공은 남녀노소의 구분이 없다. 그래서 다양한 희망을 나눌 수 있는 곳이다. 주인공이 잠시 오침하는 사이 보호자들은 식사도 하고, 간식도 나누고 짬짬이 삼삼오오 모여 커피 한잔 나누며 희망이 아닌 생각들을 던져버리는 마음의 빨래터가 배선실이다. 아낙네들의 빨래터에선 더럽혀진 옷을 깨끗이 하지만, 마음의 빨래터 배선실에서는 희망이 져버린 몹쓸 생각들을 버리고 삶의 열정을 채운다. 때론 울기도 하고 때론 웃기도 하고, 때론 짜증도 내고, 때론 포기도 하지만 결론은 해피 엔딩이다. 희망을 나누기 위해서 꼭 필요한 것은 제때 끼니를 해결하는 것이다. 보호자가 잘 먹어야 환자가 건강할 수 있다. 그래서 배선실은 몸과 마음의 희망을 나누는 곳이다.

10명이 함께 있기도 비좁은 곳이라 때론 줄을 서서 기다리기도 하지만, 배선실은 희망을 나누는 곳임에 틀림없다. 오후 5시에 반장(28명의 보호자를 대표하여 배선실 필요 물품을 관리하는 중책을 맡으신 분 – 현재 34세의 아주머니)님이 '총각 오빠'를 배선실로 호출하기에 급히 달려간다.

파티가 열려 있다. 메뉴는 아귀찜이다. 경상도 총각이 좋아하는 매콤한 아귀찜이다. 입맛이 당긴다. 군침이 돈다. 마음 착한 아주머니들이 자리를 하나 만들어주신다. 엉덩이 사이의 틈을 비집고 함께 한다. 젓가락은 벌써 매콤한 콩나물 몇 점을 입으로 가져온다. 톡 쏘는 맛이 일품이다. 마주 앉은 아주머니들은 땀을 훔쳐가며 매콤한 아귀찜 삼매경에 빠져들고 있다.

매콤한 음식은 식욕을 부추긴다. 보호자들의 잃어가는 식욕을 되살려주기엔 제격인 음식이다. 28명이 함께 앉을 수 없는 곳임을 너무나도 잘 알고 있다. 한 팀이 먹고 일어나면 다음 팀이 자리에 앉는 식으로 28명이 함께 나눠 먹는다. 그래서 항상 음식을 주문할 때에는 서너 접시로 똑같이 나눠 담아 배달을 시킨다. 그래야 한 팀이 먹고 다음 팀이 자리에 앉으면 새로운 음식이 나올 수 있다. 101병동의 배선실이 존재한 후 어김없이 지켜온 불문율이다. 공동 생산(회비 납부 후 구입) 공동 분배의 원칙이 지켜지는 곳이다.

군대 밥(짬밥)과 병원 밥의 공통점이 있다면 그것은 본인의 선택권이 없고 먹지 않으면 손해라는 것이다. 그래서 짬밥은 먹어도 배가 안 부르고 병원 밥은 아무리 잘 요리해도 맛이 없다는 것이 보편적인 진리이다. 동생은 병원에서 제공하는 식사만 할 수 있다. 물론 간식도 시간 맞춰 잘 나온다. 하지만 그 보편적인 진리에서 예외일 수 없다. 병원 밥 23일째 식욕이 왕성할 수 없다. 그렇다고 외부 음식을 먹을 수 있는 상황은 아니다. 영양을 보충하기 위해 그린비아(캔 용기에 담긴 환자용 영양식)라는 영양 균형식을 먹고 있다.

입원 후 나는 동생과 같은 생활을 하기로 한 원칙을 지키고 있다. 입원 후 옆 침대 환자용으로 나온 식사를 먹다가 사정상 취소하고 며칠 전부터는 아침은 그린비아와 멸균우유, 점심은 햇반, 그리고 저녁은 컵라면으로 해결하고 있다. 동생이 못 먹는 음식을 나만 먹을 수 없다는 생각으로 시작한 것이다. 그러다 보니 나는 배선실에 보호자들과 함께 식사할 일이 거의 없다. 이렇게 생활하면 건강을 해칠 수 있다고 반장님의 특별 배려로 입맛을 돋우는 아귀찜 파티가 열린 것이다. 오늘은 동생과의 약속을 잠시 접고 반장님의 배려에 감사한 마음으로 함께 식사를 했다.

101병동에는 두 달 넘게 입원해 계신 분들이 많다. 그분들의 보호자는 소위 말하는 '내공'이 높은 분들이다. 비우고 버리고 정리할 마음의 짐이 무엇인지 이미 터득한 '내공'이 높은 분들이다. 높은 내공으로 보기에 나는 철부지 어린아이이다. 오늘 철부지 어린아이를 위한 성대한 파티를 열어주셨다. 무엇이 희망이고 어떻게 간직하고 또한 어떻게 나누는 것인가를 보여준 101병동 27인의 조연들께 감사한 마음이다.

희망을 나누는 곳에는 항상 희망의 문이 열려 있다. 그 희망의 문을 통해 들어오는 모든 사람은 틀림없이 희망을 되찾을 것이다. 오늘 하루도 행복한 마음으로 엮어간다.

30 :: 24일째, 6월 10일 ::

대우건설 품질인의 마음

나는 대우건설에 14년을 근무하고 있다. 국내 현장(하수처리장, 지하철) 5년 근무에 국외 현장(리비아) 2년 근무를 마치고 본사에서 7년째 근무하고 있다.

가난이 싫어서 돈 많이 벌 수 있다는 이야기만 믿고 무작정 진학한 토목공학과. 어린 시절엔 역사학이나 고고학에 관심이 있었고 철학에도 관심이 많았다. 지금도 초등학교, 중학교 은사님을 뵈면 내가 토목공학을 전공하고 건설회사에서 근무하는 사실이 신기하다고 말씀하신다.

이상과 현실의 거리감에서 갈등하는 것이 인생사라 생각한다. 그것은 나뿐만이 아니라 현실을 살아가는 수많은 사람들의 공통사인 것 같다. 가난이 싫어서 선택한 토목공학! 예전에는 건설회사 다니면 돈을 많이 벌었다고 한다. 무슨 이유인지 그것이 진실인 양 사람들에게 회자하여 왔고, 그러한 이유로 나 또한 건설회사를 천직으로 선택했다. 물질적인 부자는 못 되었지만 후회하지 않고 지난 14년을 보냈다. 국내에서 그리고 리비아에서 땀 흘리며 진실한 돈의 가치를 배우며 성장했다. 본사에서의 7년은 내 삶의 방향성을 제시해 준 시간이라 확신한다. 지난 7년 동안 임직원을 대상으로 품질경영교육을 지속적으로 실시하면서 강의에 대한 노하우를 터득하는 값진 시간을 보냈다. 되돌아보면 직장생활 14년이 내게 남긴 것은 외형적으로 불혹의 나이를 안겨준 것이지만 헤아릴 수 없을 정도의 많은 내적 성장을 이룩한 삶의 황금기라 생각한다.

24일째 회사를 쉬고 있다. 두 달을 기약하고 휴직계를 제출했다. 두 달이면 동생이 완쾌하여 퇴원할 수 있으리란 확신으로 동생과 내가 정한 시간이다. 두 달 중 거의 반을 보내고 있다. 동생이 퇴원하면 곧 이어 누나의 수술을 진행할 계획이다. 동생과 누나의 예상 병원비를 합하면 월급쟁이 급여로는 감당하기 힘든 것을 회사에서 알고 있다. 휴직계를 제출하면 무급이다. 두 달을 쉬면 두 달 치 급여가 지급이 안 된다. 동생 병간호를 위해 선택한 것이기에 만족하고 또한 회사에서 휴직계를 받아주심에 감사할 따름이다. 본래 직계 존비속은 회사 복리후생 차원에서 지원금이 나온다. 동생은 직계 존비속이 아니다. 동생 병간호를 위해 제출한 휴직계를 회사에서 받아준 것만으로 나는 만족하고 있다.

오후 1시 45분 심재익 상무님, 강현희 부장님과 정해수 부장님이 병문안을 오셨다. 대우건설을 대표해서 오신 것이기에 회사의 관심과 배려에 감사할 따름이다. 본사 근무 7년을 품질경영팀에서 한우물을 팠다. 대우건설에는 품질 업무를 수행하는 직원만 300명이 넘는다. 회사에서 지원금이 없다는 것을 아시고 상무님께서 대우건설 품질인의 뜻을 모아 병원비에 보태라고 성금을 모아 오셨다. 오시는 길에 남기혁 본부장님의 금일봉도 전달해 주셨다. 내가 받는 한 달 급여에 해당하는 큰 금액이다. 감사함을 넘어 송구스러울 지경이다. 지난 7년을 한눈팔지 않고 품질 업무에 매진한 시간이 감사할 따름이다.

101병동 입구 휴게실에서 지난 24일의 경과 보고를 간단하게 말씀드렸다. 직장생활을 하는 몸으로 당연한 일이다. 관심과 배려를 해준 회사에 대한 예의라 생각한다. 앞으로 얼마를 더 있어야 퇴원할 수 있을지 모르지만 동생과 내가 약속하고 회사에 미리 말한 두 달 안에는 행복한 마음으로 출근할 수 있으리란 다짐을 다시 말씀드린다.

차 한잔 대접하지 못하고 상무님과 부장님을 배웅한다. 감사함만 받고 돌려드릴 것이 없다. 회사 걱정하지 말고 동생 병간호에 전념하라는 상무님의 당부 말씀이 진하게 가슴을 울린다. 관심과 배려에 익숙한 대우건설의 가족 문화에 감동하는 하루를 보낸다.

31

:: 25일째, 6월 11일 ::

마산고 졸업 20주년 기념행사

마산고등학교는 졸업 20주년 기념행사를 하는 전통이 있다. 또한, 졸업 30주년과 40주년 행사도 가진다. 졸업 20주년 기념행사의 의미는 크다. 강산이 2번 바뀌는 세월의 흐름을 거슬러 올라가 20년 전의 소중한 추억을 만끽하고 사회 각계각층에서 자신의 본분에 충실하게 사는 동기들을 만나 우정을 꽃 피우는 마산고등학교의 아름다운 전통이다.

마산고등학교 50회 졸업식은 1991년에 있었다. 20년이 지난 올해 2011년 6월 11일, 창원 풀만호텔에서 졸업 20주년 기념행사를 진행한다. 소중하게 간직한 20년의 추억을 만끽하고 싶지만 101병동에서 마음만 보낸다.

20년 전인 1991년 마산고등학교 50회 졸업식에 나는 참석을 못했다. 징병검사 받느라 참석할 수 없었다. 고등학교 3년을 마무리하는 시간에 나는 징병검사장에서 대한민국 군인으로서 자질이 충분한지 검사를 받고 있었다. 졸업식에 참석은 못했지만 대한민국 1급 현역 판정을 받았고, 26개월 병역의 의무를 다할 수 있는 특권을 부여받은 날이었다. 그래서 고등학교 졸업식 사진은 한 장도 없다. 참석을 못했으니 당연히 없는 사진이지만 때론 아쉬움이 많다. 졸업식 시즌이면 한참 동안 매스컴을 떠들썩하게 하는 지나친 졸업식 뒤풀이 동영상들을 보며 왠지 허전함을 감출 수 없다. 과한 졸업식도 지나고 나면 한 때의 추억일 수 있는데 내겐 그것조차 없다.

고등학교 졸업 후 몇 년에 한 번씩 비정기적인 동기 모임이 있었지만 참석하지 못했다. 동기들보다 잘난 것도 없고 내세울 만한 것도 없이 살아온 인생이라 괜한 자책감에 참석하고 싶지 않았다.

그리고 20년의 세월이 흘렀다. 졸업 20주년 행사는 공식적인 행사다. 내세우고 과시하고 드러내는 행사가 아니다. 고등학교 3년을 함께 한 동기들과의 순수하고 진지한 만남의 시간이다. 그래서 행사에 꼭 가고 싶었다.

나는 고향인 의령에서 중학교를 다녔다. 고등학교 진학은 마산(현재 창원), 진해(현재 창원), 창원이나 부산으로 진학을 했었다. 마산고등학교는 마산 인문계 고등학교의 연합고사(마산고등학교, 마산중앙고등학교, 창신고등학교의 3개교에서 공동으로 선발하여 추첨을 통해 학교를 배정함)에 통과를 해야 했다. 1988

년 입학 당시 200점 만점에 커트라인이 183점이었으니, 그때만 해도 경상남도에서 공부 좀 한다는 친구들이 모두 모인 학교였다. 당연히 시골 중학교에서 마산 인문계 고등학교에 진학하려면 성적이 최상위권에 있어야 가능했다. 그러고 보면 중학교 때는 나도 공부 좀 했었다. 그런데 고등학교 입학을 하고 나니 상황이 완전히 달라졌다. 성적이라고 받으면 항상 뒤에서 가까웠고, 공부를 해도 성적이 별로 오르지 않았다. 그래서인지 고등학교 3년을 공부와는 별로 관심 없이 살았다는 생각을 한다. 물론 그 이후로 공부에 관심을 가진 일은 거의 없지만 고등학교 시절에는 아마도 절정에 달했던 것 같다. 고등학교 3년의 추억은 이 정도다. 졸업식 사진 한 장 없는 고등학교 3년의 시간은 어쩌면 지워버리고 싶은 시간일 수 있다는 생각도 한다.

그토록 기다린 20주년 기념행사였다. 공부도 못했고 보란 듯 이룩한 것도 없지만 지난 20년 최선을 다해 살았고, 운명보다 강한 열정으로 하루하루에 충실하며 살았다고 동기들 앞에서 당당하게 말하고 싶었다. 그래야 이 마음속에 뭉쳐 있는 이름 모를 그 무엇이 해소될 것 같아서 그토록 오늘을 기다렸다.

20년을 기다렸는데 아직도 나에겐 고등학교 시절을 추억으로 회상할 여유를 주지 않는다. 앞으로 10년을 더 기다리라고 한다. 졸업 30주년 기념행사엔 꼭 참석하리란 다짐을 한다. 기다림은 이런가 보다. 20년을 기다려도 내 복이 아니면 어쩔 수 없는 것이 기다림인가 보다.

10년을 더 기다려 보자. 기다림은 시간에 얽매이지 않는다. 그것이 10년이든 20년이든 기다림은 그렇게 기다림으로 만족하는 것이다. 20년을 보내고도 10년을 더 기다림이란 단어로 시작하는 오늘은 기다림을 초월하는 시간이다. 101병동에서 또 다른 10년을 준비하는 희망은 싹트고 있다.

32 :: 26일째, 6월 12일 ::

진인선원 봉사팀의 병문안

매월 둘째 일요일은 경기도 파주시에 위치한 진인선원(치매노인 요양시설)에 봉사활동 가는 날이다. (사)맑고 향기롭게 회원들과 함께 하는 봉사활동이다.

(사)맑고 향기롭게 회원들은 여러 종류의 봉사활동을 진행하고 있는데, 나는 첫째 일요일은 묘희원팀과 둘째 일요일은 진인선원팀 봉사활동에 참여하고 있다. 진인선원팀 봉사활동은 오전 8시 20분에 안국역 1번 출구에서 만나 승합차 1대로 출발한다. 자가용을 이용해 진인선원으로 오시는 분들이 있기에 안국역에서는 12인승 승합차 1대면 충분하다. 봉사활동은 오전에 반찬을 만들고 오후에는 어르신들을 모시고 놀이 한마당을 진행한다.

오전 반찬 만들기는 다양한 종류가 있지만 나는 양파 다듬기

고정 담당이다. 양파 다듬기는 매워서 눈물이 많이 나기 때문에 보살(여성 봉사자)님들이 하기엔 마음이 아파서 내가 도맡아 한다. 오전에 10kg 2망을 다듬고 덤으로 감자 20kg 한 박스를 다듬는다. 2년째 정해진 일이다. 자취 생활 23년의 기술이 발휘되는 시간이기도 하다. 장갑을 제대로 착용하지 않고 양파를 다듬고 나면 손에 양파 냄새가 2~3일은 가시질 않는다. 봉사활동한 티를 당당하게 내고 다니는 것이지만, 사실 냄새가 좋지만은 않다. 오늘은 내가 봉사활동을 참석하지 못했기에 양파 다듬는 일을 보살님이 하셨다고 한다. 미안한 마음이다. 돌쇠로 통하는 내가 했어야 하는 일인데 101병동을 굳건하게 지키다 보니 갈 수 없었다.

오후에 어르신들을 모시는 놀이 한마당은 2번 나눠서 진행한다. 진인선원 시설 2곳에서 1시간씩 2번을 실시하는 것이다. 곱게 한복을 입고 장구를 치고 신나게 흥을 돋운다. 어르신들이 좋아하는 흘러간 옛노래를 신명 나게 부르고 어렸을 적 불렀던 동요도 함께 부른다.

흥이 오르기 시작하면 잠시 시간을 할애하여 웃음 치료(손뼉치는 시간)를 한다. 박수만큼 몸에 좋은 것은 없다. 웃음치료사 1급 자격증이 있는 내가 2010년 1월에 진인선원 봉사팀에 합류하면서 웃음 치료 시간을 놀이 한마당에 추가했다. 웃음 치료 후에는 어르신들 장기 자랑이 있다. 진인선원 어르신들은 가수처럼 노래를 잘하는 분들이 많다. 그래서 장기 자랑 시간이 제일 길다. 한 분 한 분 노래를 하시는데 그 솜씨가 가히 가수 수준이다. 치매라는 병으로 기억하고 있는 일들은 적지만, 그래도 노래는 기억하고 있기에 이렇게 흥겨운 시간을 보낼 수 있는 것이다. 자주 찾아뵙고 함께 해 드려야 하는데 그렇지 못함이 못내 아쉬운 마음이다. 어르신들 놀이 한마당 2번이 끝나면 온몸에 땀이다. 함께 하는 시간에 온 정성을 쏟기에 온몸은 땀으로 샤워를 하게 된다.

한 달에 한 번이지만 매월 둘째 일요일은 진인선원에서 행복한 시간을 보냈다. 파주에서 서울로 오는 시간엔 자유로가 상습 정체 구간이라 꽤 많은 시간이 소요되지만 진인선원 봉사팀은 항상 즐거운 마음으로 최선을 다한다. 오늘 나는 몸은 함께 하지 못했지만 마음은 함께 했다.

오후 6시에 진인선원 이금재 모듬장님 전화가 왔다. 10층 101병동 옆 휴게실에 도착하였다는 연락이다. 동생의 저녁 식사 시간인데 미안하지만 오늘은 10분만 늦게 먹자고 이야기하고 휴게실로 나갔다. 진인선원 봉사팀 여덟 분이 10층 휴게실에서 나를 기다리고 있었다. 101병동 생활 26일째인 내 모습이 신기한 모양이다. 진인선원 서영석 총무님이 나를 보고 도인의 수준이란다. '도를 아십니까?' 에 출연하면 대박이라고 한다. 하긴 26일째 수염을 못 깎고 있으니 그렇게 보일 수 있겠다 싶다. '도'라도 닦아서 동생이 나을 수 있다면 그 방법이 훨씬 좋을 것 같다는 생각이다. 오늘은 웃음 치료를 못해서 어르신들이 궁금해

하신다는 이야기를 듣고 죄송한 마음과 감사한 마음이 교차한다. 다음 달에는 어르신들을 꼭 뵐 수 있기를 다짐해 본다.

5월 둘째 일요일 봉사하는 날에 6월에는 참석을 못할 것 같다고 미리 말씀드렸는데, 얼굴을 보고 이야기라도 듣고 싶다고 피곤함에도 불구하고 101병동을 찾아주신 진인선원 봉사팀에 감사한 마음뿐이다.

이금재 모듬장님이 봉사팀원들의 정성이라고 하시면서 봉투를 건네신다. 사랑이 가득한 마음이다. 감사한 마음으로 받았다. 동생이 퇴원하고 다음 달에 봉사활동에 참석하여 맛있는 저녁 식사를 대접하겠다고 다짐해 본다.

진인선원 봉사팀이 떠나고 병실로 돌아온다. 101병동은 오후 6시에 저녁 식사가 나온다. 오늘은 내가 자리를 비운 탓에 20분 늦게 식사를 시작했다. 동생은 입원 후 대변 볼 일이 걱정이 되어 밥 대신 죽과 미음을 번갈아가며 식사를 했다.

26일째 저녁 식사를 드디어 밥으로 바꿨다. 죽과 미음만 먹으니 힘이 없다며 밥으로 바꿔보자는 게 동생의 생각이다. "밥심으로 산다."라는 말이 있다. 밥이라도 씹어야 그 힘으로 산다고 생각한다. 한 달 가까이 죽에 미음만 먹다가 밥을 씹어 보니 살맛 난다고 한다. 백혈구와 과립구 수치가 떨어지면 몸에 힘이 없어진다. 소화 기능까지 떨어지면 동생에겐 심각해질 수 있다. 그래서 선택한 것이 밥 대신 죽이었다. 수치가 회복된 것은 아니지만 도전해 보기로 했다. 며칠 밥으로 먹어보고 소화가 안 되면 다시 바꾸더라도 시도해 보자는 것이다.

한 그릇 다 비운다. 꼭꼭 씹어서 먹는다. 한 그릇을 다 비우는데 시간이 제법 걸린다. 시간이 오래 걸리더라도 잘 먹고 소화를 잘 시켜주길 바라는 마음이다. 26일을 기다린 밥인데 내가 자리를 오래 비운 것 같아 미안한 마음이다. 오늘 맛있게 먹은 저녁 식사가 잘 소화되어 내일 아침 행복한 쾌변을 볼 수 있기를 간절히 바라는 마음으로 하루를 넘긴다.

오늘도 감사한 마음으로 무사히 하루를 마무리하고 있다.

33 :: 27일째, 6월 13일 ::

교수님의 말씀

입원 27일째, 조혈모세포 이식 20일째다. 백혈구와 과립구 수치가 바닥을 찍고 상승 중인지 아니면 아직 바닥으로 향하고 있는지 모르고 있다. 하루하루 무탈하기를 바라는 마음으로 지내며, 만족한 마음을 지니려고 노력하고 있다.

어디가 바닥이고 언제쯤 수치를 회복할 수 있을지 걱정이지만 동생 앞에서 드러내놓고 말할 수 없다. 물론 동생도 속이 타겠지만 말을 하지 않고 있다. 옆에서 지켜보는 나는 사실 속이 시커멓게 타고 있다. '기다리자. 기다리는 것이 답이다.'를 수없이 생각하고 또 생각하지만 속마음을 어찌 감출 수 있겠는가! 나도 한낯 보잘것없는 나약한 인간일 뿐이다.

겉과 속이 다른 생활을 한 지 27일째라고 표현함이 맞을 것 같다. 101병동에는 겉과 속이 다른 사람이 많은 것 같다. 그렇게 사는 것이 답인 곳이 101병동이라 생각한다. 이제 나도 내공이 좀 쌓이고 있는 것 같기도 하다.

그 몹쓸 내공 없어도 좋은데 제발 오늘은 답이 있기를 바라는 마음으로 교수님 회진 시간을 손꼽아 기다려 본다. 교수님 회진 시간에 질문하는 일은 거의 없다. 괜스레 교수님 마음을 불편하게 할까 봐. 교수님 마음이 불편하면 동생에게 도움되는 일이 없을까 봐 하는 마음에서 질문을 던지는 일은 거의 없다.

여쭤본다고 뭐라고 하실 교수님이 아니지만 나와 동생의 생각은 그러하다. 그냥 교수님 회진 시간을 기다릴 뿐이다. 기다리고 기다리는 짝사랑 순희의 마음처럼 기다리기만 할 뿐이다. 오늘은 어떤 말씀을 하실지 그 기다리는 동안이라도 행복하다. 그래서 오늘도 기다리고 있다. 물론 동생은 더 애타게 기다릴 것이라 생각한다.

점심 식사가 병실로 올라온 후 윤성수 교수님께서 회진을 시작하셨다. 항상 그랬듯이 뒤를 따르는 한 무리의 수장으로 웃음이 가득한 미소는 의술이 아닌 인술임을 증명하고 있다. “마음고생이 많지요? 조금씩 수치가 올라가고 있네요. 시간이 다소 걸리지만 좋아지고 있네요.”라는 말씀을 남기고 오실 때 그 미소로 병실을 나가신다. 동생과 나는 잠시 할 말을 잊고 있다.

잠시의 시간이 지나고 있다. 마음속에 맺혀 있던 그 무엇이 내려가는 느낌이다. 동생과 나는 서로에게 감사한 마음을 전달한다. 긴 기다림에 대한 감사한 마음이고 앞으로 기다려야 할 시간에 대한 감사한 마음이다. 교수님의 말씀이 모든 것이 다 잘되었다는 말씀이 아님을 알고 있다. 단지 앞으로 기다리는 시간이 긍정의 시간임을 의미하는 것이다. 앞으로 얼마의 시간을 기다리더라도 이젠 힘이 난다. 그 기다림은 기필코 희망에 가까운 것임을 오늘 교수님의 말씀으로 알 수 있기에 힘이 난다.

101병동에서 동생과 나는 기다림을 배우고 있다. 서두른다고 해결되는 일이 아님을 배우고 있다. 기다리고 또 기다리는 것이 101병동의 살아 있는 진리임을 배워가고 있다. 물론 처음부터 그것을 알고 여기에 오는 사람은 많지 않다. 그것은 직접 몸으로 느끼면서 깨우쳐 가는 진실이기에 더더욱 값진 것이다. 101병동의 살아 있는 진리는 '기다림'이다. 오늘부터의 기다림은 희망으로 가까워지는 기다림임을 확신하고 행복한 마음으로 기다리기로 한다.

동생과 나는 같은 마음으로 얼마가 될지 모르는 기다림을 또 다시 시작하고 있다. 오늘은 행복한 날이다. 기다림으로 행복할 수 있는 날이다. 내일은 더 큰 행복일 것이란 확신으로 오늘을 만들어 가고 있다.

34

:: 28일째, 6월 14일 ::

몸살

오늘 동생의 체중이 56.1kg이다. 많이 나갈 때는 57kg까지 나갔다. 입원할 때 53.0kg이었으니 3.1kg이 늘어난 것이다. 식사 때마나 두유와 그린비아(영양식)를 계속 먹어서 그런 것인지는 모르지만, 체중이 늘었다.

동생과 나는 그렇게 편하게 생각하고 있는데 주치의 선생님은 긴장을 하신다. 조혈모세포 이식 후 수치가 제대로 회복이 안 된 상태에서 체중이 늘어나는 것이 별로 반가운 일은 아니라고 하며 이뇨제 주사를 처방하신다. 소변량을 증대시켜 체내의 불필요한 수분을 배출시켜주는 것이 좋다는 것이다.

몸에 칼륨 수치가 높은 편이라 수액도 많이 투약되고 있다. 2~3시간에 한 번씩 소변을 보고 있다. 하루에 4,000~5,000cc 정도의 소변을 보고 있는 것이다. 이뇨제 주사를 맞았으니 소변량이 늘어난다. 낮에는 걱정이 없는데 밤이 걱정이다. 101병동에 입원 후 새벽 1시, 3시, 5시에 소변을 보는 것이 규칙적인 일상이 되고 있다. 오늘은 이뇨제를 맞았으니 깊은 잠을 자는 것은 포기해야 할 것 같다. 101병동의 일상은 평범한 것이 없는 것 같다. 모든 것이 조혈모세포 이식을 전제로 해서 판단하는 것이기에 병동 밖에서 평범한 일이라도 여기서는 그렇지 않음을 새삼 실감하고 있다.

이뇨제 덕분에 오늘은 더 바쁜 날이고 더욱더 부지런히 내가 움직여야 하는 날이다. "가는 날이 장날이다."라고 했던가? 오후부터 내 몸에 이상이 온다. 저녁 식사를 챙겨주고 양치질과 가글을 도와주었다. 좀 있다 약도 챙겨줘야 한다는 생각을 한 것 같은데 눈을 뜨니 밤 11시가 넘었다.

추웠는지 베개로 사용하는 수건을 덮고 있다. 101병동에서는 대변을 볼 때는 알코올로 변기를 소독하고 변기에 앉는 것이 철저하게 지켜야 할 원칙이다. 변기를 통해서 나쁜 균이 옮길 수 있기에 철저하게 위생을 관리하고 있다. 대변을 볼 시간을 넘기고 내가 깨기를 기다리던 동생이 도저히 참을 수 없어 나를 깨운 것이다. 화장실 갈 시간을 훨씬 넘긴 시간이기에 부랴부랴 변기를 소독했다. 내 머릿속이 텅 빈 것 같다. 정신을 차리려고 하는데 쉽지 않다. 동생이 볼일을 보고 나온다. 약을 챙겨주고는 기억이 없다.

다음날 동생에게 물으니 밤새 동생은 화장실을 다니며 소변을 보았는데, 나를 아무리 깨워도 안 일어나서 혼자서 어렵게 소변을 보았다고 한다. 미안한 일이다. 이뇨제 주사를 맞고 힘들었을 텐데 내가 도움이 못 되었다. 힘들고 긴 밤을 보냈다. 그래도 다행이다. 아침에 눈을 뜨니 몸이 개운하다. 동생에게 미안하지만 이렇게 조용하게 몸살이 지나가 줘서 한편으로는 고마운 일이다.

35 :: 29일째, 6월 15일 ::

빨래하는 날

퇴원하는 날까지 중곡동 집에 갈 수 없을 것으로 생각하고 왔다. 입원 두 달을 계획하고 속옷과 수건 등을 충분히 챙겨왔다고 생각했는데, 병원 생활 날짜가 지날수록 준비한 것이 모자람을 절실히 느끼고 있다. 무균실은 위생이 생명인 곳이다. 입고 벗은 속옷과 사용한 수건을 제때 깨끗하게 빨아두어야 한다. 다른 보호자들은 교대하며 간호하기 때문에 집에 가서 빨래를 하고 건조시킨 후 병원으로 가져온다. 나는 교대해 줄 사람이 없다. 입원 후 처음에 빨래가 제일 걱정이었다. 부족한 속옷도 문제지만 입은 후 세탁을 못 하고 있는 속옷은 더 큰 문제였다. 일상생활에서는 전혀 문제 될 일이 아닌데 병원 생활에서는 하나하나가 해결해야 할 중요한 과정이다.

배선실에 세탁기와 건조기가 있다는 것을 알게 된 것은 입원 후 1주일 정도 지나서였다. 참 다행이라는 생각을 하고 그냥 보고만 지나쳤다. 입원 후 정신없는 시간의 연속이었고 세탁기와 건조기를 사용할 엄두를 내지 못했었다.

병실을 잠시라도 비워둘 수 없다는 생각에 항상 곁을 지키고 생활한 지 2주쯤 지나서 큰 마음을 먹고 세탁기를 사용하는 것에 도전했다. 500원짜리 동전 2개를 넣으면 세탁에서 탈수까지 30분이 소요된다. 너무 짧다는 생각에 보통 2번을 세탁하는데, 처음에는 세제를 넣고 두 번째는 세제를 넣지 않고 세탁한다. 그러고는 세탁기 옆에 있는 건조기로 옮겨서 45분 동안 건조시킨다. 30분+30분+45분, 총 1시간 45분이 소요되고 3,000원이 들어간다. 건조기에서 나온 빨래는 완벽하게 건조되어 즉시 입을 수 있게 된다. 큰마음 먹고 투자한 1시간 45분이 걱정꺼리 하나를 말끔히 지워주었다.

그 이후로 자주 세탁기와 건조기를 이용하고 있다. 덕분에 '물 끓이는 총각'에 '빨래하는 총각'이란 별명을 추가로 받았다. 사실 여태껏 살면서 건조기를 이용해본 적이 한 번도 없기에 신기하기도 하고 재미있기도 하여 빨래 삼매경에 푹 빠져 있다. 오늘도 빨래를 했다. 깔끔하게 세탁된 옷가지를 보며 마음 한편에 후련함을 느끼고 있다.

퇴원하면 부산에 있는 동생 집에 건조기를 사줄 생각이다. 더위에 약한 동생은 땀을 많이 흘린다. 세탁을 제때 하더라도 건조를 못하는 경우가 많았다. 못난 형이 진작 건조기를 알았더라면 동생 생활에 조금이라도 더 편함을 주었을 텐데. 괜스레 미안한 마음이다.

동생과 함께 이렇게 오랜 기간 생활한 적이 없었다. 함께 하면서 내가 동생에게 얼마나 부족한 형이었나를 새삼 깨닫고 있다. 건조기 그 얼마나 한다고? 형으로서 정말 미안한 마음이다.

무균실을 벗어난 곳이기에 배선실에는 동생이 갈 수 없다. 건조기 이야기를 했다. 하루빨리 퇴원해서 건조기를 구입하자고 약속을 한다. 행복한 계획이며 아름다운 약속이다. 오늘 하루 건조기로 행복한 시간을 만들어 가고 있다.

36 :: 30일째, 6월 16일 ::

삼국지 마니아

나는 1998년 대학 졸업을 앞두고 이문열의 《삼국지》를 선물로 받았었다. 제일 받고 싶은 것을 졸업 선물로 사주시겠다는 지인의 말씀에 조금의 머뭇거림도 없이 선택한 선물이 이문열의 《삼국지》였다.

대우건설에 입사하면서 부산을 떠났고, 졸업 선물로 받은 《삼국지》는 동생의 몫으로 돌아갔다. 알고 보니 동생은 나보다 훨씬 더 삼국지 마니아였다. 동생은 《삼국지》에 푹 빠져 생활했고, 책을 읽는 동안 아픔의 고통을 멀리할 수 있었다. 그리고 이문열의 《삼국지》는 몇 년의 세월 동안 주인을 바꿔 갔고 동생 집에서는 더는 찾아볼 수 없게 되었다.

2007년, 동생은 뒤늦게 부경대학교에서 학사학위를 받았다. 졸업식을 앞두고 갖고 싶은 선물이 뭐냐고 내가 물었을 때, 동생은 한 치의 머뭇거림도 없이 이문열의 《삼국지》를 갖고 싶다고 했다. 그래서 다시 동생 집에는 이문열의 《삼국지》 한 질이 책꽂이 한편을 자리 잡게 되었다. 우리 형제의 《삼국지》 사랑은 10년을 훨씬 넘긴 이야기가 되고 있다.

101병동 입원을 앞두고 긴 시간 무엇을 할까 고민을 많이 했다. 아이패드 Ⅱ 구입도 고민의 결과로 얻어낸 해법이었다. 그리고 이문열의 《삼국지》다.

오래된 책이나 잡지 등은 먼지를 일으키는 주범이라 배제하지만, 잘 관리된 깨끗한 책은 무균실에서도 읽을 수 있다. 서울로 출발하면서 《삼국지》 한 질을 차에 싣고 왔다. 병실이 넉넉한 공간이 아니라 차에 두고 읽을 부분만 바꿔 와서 병실에서 열심히 탐독하고 있다.

101병동은 시간과의 전쟁에서 이겨내야 행복한 마음으로 퇴원할 수 있는 곳이다. 일촉즉발의 상황을 무사히 넘겨야 하고, 길고 긴 시간을 기다림으로 일관하기도 하는 끝도 없는 시간과의 전쟁에서 이겨야 하는 곳이 101병동이다. 시간과의 전쟁에서 이기기 위해서는 최우선인 과제가 자신과의 싸움에서 이기는 것이고, 이것은 마음의 여유를 끝까지 유지하는 것이다.

영화를 보고, 책을 읽고, 일기를 쓰는 일련의 행동들은 모두가 자신과의 싸움에서 마음의 여유를 유지하기 위한 과정이라고 볼 수 있다. 동생은 《삼국지》를 읽으면서 마음을 잘 다스려가고 있다. 옆에서 지켜보는 보호자나 환자 모두에게 결코 쉬운 시간이 아님은 틀림없다. 하지만 동생은 어려운 상황에서 잘 버텨주고 있다.

"사람은 책을 만들고 책은 사람을 만든다."라는 격언이 진실임을 확신한다. 《삼국지》는 수많은 독자들에게 삶의 희망을 주고 있다. 동생에게 《삼국지》는 내일의 희망을 찾아가는 디딤돌임이 틀림없다. 하나하나의 디딤돌을 건너가다 보면 틀림없이 저 끝에서 희망이 기다리고 있음을 확신한다.

시간과의 싸움에서 《삼국지》는 희망의 디딤돌이 되어 오늘도 동생의 곁을 든든하게 지켜주고 있다. 책 읽는 동생의 모습에서 평온을 느낄 수 있다. 행복한 미래를 확신하며 기다리는 시간은 그 또한 행복한 것이기에 동생은 평정심을 유지하고 있다. 책 읽는 101병동의 하루는 행복함을 더해가고 있다.

37

:: 31일째, 6월 17일 ::

손톱 손질

과립구 수치가 277을 기록하고 더는 내려가지 않고 아주 서서히 1,000(정상인 과립구 수치 1,000 이상)을 향해 달려왔다. 조혈모세포 이식 22일째 과립구 수치가 1,000을 넘어 1,044를 기록했다. 앞으로 계속 상승할 수도 있고 아니면 현재의 추세처럼 다시 하락했다 올라갈 수도 있다.

그래도 과립구 수치 1,000을 회복했다는 의미는 크다. 물론 백혈구 수치가 1,490(정상인 백혈구 수치 3,000 이상)이라 안심할 수 있는 단계는 아니지만 일단 과립구 수치가 1,000을 찍었다는 것이 의미하는 바는 크다. 입원 31일째 드디어 희망의 언덕이 보이기 시작하고 있다. 입원하고 31일을 숨죽여 기다리고 기다린 시간이다. 앞으로 얼마나 더 과립구 수치가 등락을 반복하다 정상인의 수치에 안착할 것인지 확신할 수 없지만, 희망의 언덕이 보이는 것은 확실하다. 지난 31일의 시간이 주마등처럼 지나가고 있다. 101병동은 기다림의 병동이다. 기다림은 기필코 희망을 안겨주는 것임을 실감하고 있다.

과립구 수치 1,000을 돌파한 기념행사를 준비하고 있다. 타인을 위한 기념행사가 아닌 동생을 위한 것이다. 입원 31일 동안 손발톱을 손질하지 못했다. 혈소판, 과립구, 백혈구, 혈색소 등의 수치가 일반인에 크게 미치지 못하기에 일상적인 생활과는 거리가 먼 생활을 했다. 손발톱을 손질하다가 출혈이 발생하거나 염증이 생긴다면 심각한 문제가 발생함을 알기에 감히 손발톱을 손질할 엄두를 내지 못했다.

드디어 오늘 과립구 수치 1,000을 돌파한 기념으로 동생의 손톱을 손질하기로 했다. 내일부터 수치가 다소 떨어지더라도 크게 문제가 되지 않으리란 생각으로 시도하고 있다. 태어나서 31일 동안 손발톱을 손질하지 않고 생활한 것은 이번이 처음이다. 물론 나도 동생과 함께 손발톱을 손질하지 않고 생활하고 있다. 환자로 생활하는 동생이나 보호자로 생활하는 나에게 31일의 시간은 손발톱을 깎지 못하는 불편함을 인내한 시간이었다. 태어나서 처음으로 손발톱을 손질하지 못하는 불편함을 절실하게 느낀 시간이었다. 손톱이 길어지면서 휘어져 내려오는 것을 알았고, 이것은 생활의 많은 불편을 초래함을 알게 되었다.

깔끔하게 손질하다가 혹여나 상처를 입을 수 있기에 손질하는 흉내만 내는 정도다. 그래도 31일 만에 손톱을 손질하고 나니 온몸이 날아갈 것 같다고 한다. 수치 회복을 위해 모든 것을 참고 이겨낸 시간이기에 오늘의 기쁨은 너무 크다.

발톱 손질은 시도를 못 했다. 오늘은 손톱만 손질한 것으로 만족하고 있다. 작지만 큰 기쁨은 이럴 때 사용하는 말인 것 같다. 동생에게 오늘은 작지만 큰 행복인 것이다. 오늘의 행복은 또 다른 작지만 큰 행복을 약속할 것으로 기대한다. 기다림은 오늘 우리 가족에게 행복을 가져다주었다. 앞으로 또 얼마의 시간을 기다려야 할지 모른다. 기다리고 또 기다리자고 동생과 약속을 한다. 31일을 기다렸으니 앞으로 기다릴 시간은 충분히 줄어들었다는 생각을 감히 해본다.

그래 기다리자. 기다림으로 오늘도 행복한 하루를 만들고 있다.

38 :: 32일째, 6월 18일 ::

더위와의 전쟁

가난한 시골 마을에서 태어난 우리 가족에게 도시에 집을 갖는다는 것은 별나라 이야기였다. 고등학교와 대학교 생활은 단칸 월세방이 전부였고 그나마 제때 월세를 낼 수 있다는 것에 만족하며 살았다. 한겨울 시린 손을 불어가며 간이 가스 순간온수기 물로 설거지를 하고 세수를 하는 것은 참을 수 있었다. 하지만 아픈 몸으로 무더위에 유난히 약한 동생이 단칸방 오뉴월 무더위를 견디기엔 역부족이었다. 그래서 동생은 항상 여름이 제일 힘든 계절이었고, 한여름을 힘들게 무더위와 싸우고 나면 급격하게 몸이 축나기를 반복하는 시간을 보냈다.

골수 이식술비를 벌겠다는 일념으로 2003~2005년 아프리카에 위치한 리비아에서 2년을 생활했다. 동생 수술을 그때 했다면 돈을 모을 시간은 없었을 것이다. 2002년에는 동생의 골수 이식술을 선택할 수 없었기에 조금이나마 여유 자금이 생겼고, 그 돈과 은행 담보 대출을 받아 부산에 조그마한 원룸 아파트를 동생 명의로 구매해 주었다. 월세방 생활이 전부였던 우리 가족에게 부산이라는 대도시에 우리 가족의 집이 생겼다는 것은 대단한 일이었다. 2005년, 입주했던 그날 온 가족이 모여 행복한 첫날밤을 보냈었다.

동생을 위한 공간이 생겨서 동생은 불편한 생활에서 조금이라도 벗어날 수 있었다. 도시가스로 한겨울 난방비 걱정은 완전히 사라졌고, 한여름 시원한 에어컨 밑에서 불편한 몸을 조금이나마 편안하게 쉴 수 있었다.

하지만 집이 생겼다고 해서 모든 것이 해결되는 것은 아님을 알게 되었다. 원룸 아파트에 적합한 평수의 에어컨이 설치되어 있었지만, 더위에 유난히도 약한 동생의 몸을 편안하게 해주기에 성능이 부족했다. 그래서 기존에 있던 에어컨을 철거하고 실제 평수보다 훨씬 큰 용량의 에어컨을 새로 설치했다.

에어컨을 교체하고 나서 동생은 무더위와의 싸움에서 여유롭게 한여름을 보낼 수 있게 되었다. 동생에게 힘든 여름이라 우리 가족 모두는 여름을 싫어하게 되었고, 여름이 최대한 빨리 지나가길 항상 기도하며 살았었다. 그러한 우리 가족에게 동생이 여름철을 시원하게 보낼 수 있게 된 것은 큰 행복이라고 할 수 있다.

입원 전 101병동의 여름은 어떠할지 제일 걱정되는 부분이었다. 혹여나 체감 온도가 덥다고 느끼게 되면 조혈모세포 이식보다 더 큰 숙제는 무더위와의 전쟁임을 예감했기에 여름을 피하고 싶었다.

입원 후 우리의 걱정은 조금씩 현실로 다가오고 있었다. 5월을 넘기고 6월로 접어들면서 외부 온도가 30도를 넘나드는 무더위가 지속되었고, 101병동도 조금씩 실내 온도가 올라가기 시작했다.

101병동 조혈모세포 완전 이식은 1인실에서 실시하고, 미니 이식은 4인실에서 실시함을 원칙으로 하고 있다. 동생은 미니 이식이라 4인실에 입원하고 있다. 성향이 다른 4명의 환자와 4명의 보호자가 함께 생활한다는 것이 결코 쉬운 일이 아님을 알아가고 있다. 물론 원칙과 기준이 존재하는 101병동이지만 환자의 특성상 원칙만을 고집할 수 없는 곳이기도 하다.

한여름 최고로 민감한 것이 실내 온도이다. 조혈모세포 이식 후 성격도 바뀌고 체질도 바뀐다고 한다. 어떤 환자는 춥다고 하고, 어떤 환자는 적당하다고 하고, 또 어떤 환자는 덥다고 한다. 맞추기 참 힘들다. 몸 상태가 심각한 분을 우선 배려해주는 것이 불문율인 것 같고, 그렇게 생활하고 있는 것 같다. 그러한 덕분에 다른 병실에 비해 우리 병실 온도가 조금 높다. 특히 무더위에 약한 동생이 바로 반응을 보이기 시작한다.

온몸에 땀을 흘리기 시작하고 체온이 급하게 올라가고 있다. 참으로 난감한 상황이다. 1인실로 옮길 수 있는 것도 아니다. 병실 내 환자와 보호자들과 타협점을 찾아야 할 문제이다. 조혈모세포 이식을 잘 참고 견뎌서 지금까지 왔는데 이제는 병실 온도가 제일 큰 문제로 대두된 것이다. 물론 다른 환자들은 대수롭지 않을 수 있지만 동생에게는 심각한 문제인 것이다. 101병동의 특성상 환자나 보호자 모두가 민감한 상황이 대부분이다. 자칫 서로의 감정을 심각하게 건드릴 수 있는 문제이기도 하다.

임기응변에 강한 동생이 아이디어를 낸다. 환자나 보호자가 해결하기엔 역부족인 일이다. 결론은 간호사님의 중재가 필요한 것이라 판단했다. '백의의 천사' 님은 틀림없이 해법이 있을 것이란 기대로 주저 없이 간호사실로 달려갔다. 기대한 바와 같이 '백의의 천사' 는 괜찮은 결정을 내렸다. 그것은 원칙에 기준하여 서로가 조금씩 양보하는 것이다. 정답이다. 원칙에 기준하여 서로가 조금씩 양보하면 되는 문제이다. 간호사님이 명확하게 제시한 원칙에 기준한 실내 온도를 두고 조금씩 양보한다면 불미스러운 일은 없는 것이다.

101병동에서 무더위와의 전쟁은 평화로운 결론으로 마무리되고 있다. 무더위와의 전쟁에서 패자는 없어 보인다. 모두가 승자로 기록되는 '윈윈 전략' 이 행복한 마무리를 연결하고 있다.

39

:: 33일째, 6월 19일 ::

매실 수확

누나의 전화다.

동생과 비슷한 몸으로 태어나 항상 부족함을 만족하고 살아가는 누나다. 동생 입원 후 몸 고생이 심하다. 누나는 부산대학교병원 산부인과, 정형외과, 이비인후과 등 외래진료가 일상생활인 삶을 살아가고 있다.

동생이 서울대학교병원에 입원하면서 누나는 병원에 못 가고 있다. 누나는 대중교통을 이용할 수 없는 정도이다. 그런 누나가 오늘 고향에 왔다고 전화를 했다. 지인 몇 분과 함께 승합차로 고향에 도착했다고 한다.

오늘은 고향 집에서 매실을 수확하는 날이다. 일손이 부족하여 매실 수확이 어려운 상황이라 누나가 지인들을 대동하고 고향에 간 것이다. 몸이 불편한 누나가 고향에 계신 부모님을 위해

할 수 있는 최선의 방법이다. 101병동에서 동생과 함께 기다림으로 일관하는 나로서는 미안한 마음과 고마운 마음이 동시에 든다.

"매실은 3독을 없앤다."라는 말이 있다. 3독이란 음식물의 독, 핏속의 독, 물의 독을 말하는 것으로 매실에는 피크린산이라는 성분이 미량 들어 있는데, 이것이 독성 물질을 분해하는 역할을 하며 암을 예방 · 치료하는데 도움이 되는 각종 비타민과 무기질이 풍부하게 들어 있다고 한다.

101병동으로 오기까지 10년 동안 외유의 길을 걸었다. 10년의 세월 동안 몸에 좋다는 것은 무조건 구했고, 몸에 좋다는 방법은 무엇이든 찾아다녔다. 매실은 지난 10년의 세월 동안 우리 가족에게 가장 익숙한 것이었다. 매실이 몸에 좋다는 소식을 접하고 청과시장을 돌아다니며 최상급의 매실을 구했다.

평생을 농사지으며 살아오신 부모님께서 매실나무를 심어 무농약 유기농으로 정성껏 키워서 매실을 수확한다면 동생에게 더 효과가 있을 것이란 확신으로 전답 귀퉁이마다 매실나무를 심으셨다.

10년의 세월이 지났다. 동생 몸에 좋다는 이야기를 듣고 심기 시작한 매실나무에서 수확되는 매실을 인심 좋으신 부모님께서 온 동네 사람에게도 나눠주고 계신다. 수확하는 일손이 모자라 항상 힘들어 하시면서도 남들과 나눌 수 있다는 것에 만족해하신다. 작년에는 동생이 일손을 구해서 고향에 갔는데 올해는 누나가 대신하고 있는 것이다.

매실이 좋다는 것이 세상에 널리 알려진 모양이다. 매실 수확철이 되면 상인들도 간혹 시골 동네까지 오는 것을 보면 몸에 좋다는 소문은 뜬소문이 아닌 것 같다.

무공해 유기농으로 재배하여 수확한 매실은 인기 절정이다.

그러고 보니 나는 매실 수확을 한 적이 없다. 보잘것없는 돈 몇 푼 번다는 이유로 고향에 소홀함이 많았음을 뼈저리게 느끼고 있다. 관심은 입으로 하는 것이 아니고 몸으로 하는 것임을 101병동에서 소중하게 배워가고 있다.

동생과 약속을 한다. 내년 매실 수확에는 동생과 함께 손잡고 고향으로 가자는 약속을 하고 있다. 1년 후 동생과 나의 모습은 고향에서 부모님과 함께 매실을 수확하며 행복을 누릴 것이다.

매실 수확의 꿈은 소박하지만 확신에 찬 꿈이고 꼭 이루어야 할 꿈이다. 작지만 큰 기쁨이 최고의 기쁨임을 확신한다. 오뉴월 무더위를 친구삼아 매실을 수확할 행복한 이야기를 나누는 형제는 오늘도 행복한 하루를 만들어 가고 있다.

40 :: 34일째, 6월 20일 ::

주치의 선생님의 휴가

대한민국 최고의 병원인 서울대학교병원 레지던트 1년 차 주치의 최원묵 선생님의 휴가가 오늘부터다. 미소 가득한 용모가 전달하는 포근함은 지정의 윤성수 교수님의 인술을 이어받은 수제자임이 틀림없음을 증명하고 있다. 서울대학교병원 최고의 꽃미남이지만 아쉽게도 '품절남'이란다. TV 드라마 〈종합병원〉처럼 의사선생님과 간호사님의 아름다운 사랑이야기가 있을 법한데 아쉽게도 101병동에는 찾아볼 수 없다.

그러고 보니 주치의 선생님께 이번 휴가에 어디로 가는지 묻지도 못했다. 어디에서라도 생애 최고의 휴가를 보내고 오기를 간절하게 기원하며 하루를 시작하고 있다.

여행으로 시작하는 하루다. 1997년 6월, 대학교 졸업 여행을 제주도로 간다고 난리법석일 때 나는 일찌감치 졸업 학점을 채워놓고 이삿짐센터와 학교를 오가며 열심히 돈을 벌고 있었다.

당연히 졸업 여행은 갈 수 없었다. 졸업 여행 경비가 30만 원 정도였다고 기억한다. 30만 원도 큰돈이었지만, 그것보다는 일터에서 며칠을 빠지면 일자리가 없어지기에 졸업 여행을 포기하고 이삿짐센터에서 일을 했다.

그때만 해도 포장 이사가 조금씩 알려지던 시절이라서 마진이 높았다. 1박 2일 포장 이사 멤버로 참여해서 열심히 하면 일당도 제법이고 팁도 적은 돈이 아니었다. 대학생이 만져보기 쉬운 돈이 아니었기에 1997년 상반기에 대우건설 입사가 확정된 후 이삿짐센터에서 거의 숙식을 하면서 돈벌이에 몰두했었다. 덕분에 제법 큰돈을 벌었고 1996년 직장암으로 수술하신 어머니를 위해 자식 된 도리를 조금이라도 할 수 있었다. 돈은 벌었지만 아쉬움이 남는 것이 있다면 군 생활 포함하여 대학교 7년을 다니며 졸업 여행을 못 가본 것이다.

병원비를 벌겠다는 일념으로 2003년 아프리카에 위치한 리비아에서 근무하던 시절, 동생이 학교에서 졸업 여행을 가는데 장소는 제주도였다. 리비아에서 전화 통화로 동생에게 돈 걱정하지 말고 꼭 졸업 여행을 가라고 당부했다. 리비아에서 전화한 그날 밤 고향에서는 어머니께서 누나와 동생 손을 잡고 한참을 우셨다고 한다. 1997년, 그해 6월 제주도로 졸업 여행을 못 간 큰 아들이 마음에 걸려 한참을 우셨다고, 세월이 많이 지난 후 동생에게 들었다.

가난이었는지 아니면 절약이었는지 가늠하고 싶지는 않다. 단지 그렇게 지내온 것은 사실이고 사실을 부정하고 싶지는 않다.

제주도는 우리 가족에게 사연이 많은 곳이다. 그 제주도에 동생과 함께 꼭 가 보고 싶다. 동생의 마음속에, 그리고 어머니의 마음 깊숙한 곳에 자리 잡고 있는 이름 모를 미안함을 지워 드리고 싶다.

동생과 약속을 한다. 올 겨울에 눈 덮인 한라산을 배경으로 인증샷 한 번 날려보자는 약속을 한다.

눈 덮인 한라산! 매서운 한겨울 바닷바람 친구 삼아 올레길을 걸어보는 것도 좋을 것이라 생각하며 동생과 행복한 약속을 하고 있다. 그래! 올해 겨울엔 제주도로 여행을 가보자.

:: 35일째, 6월 21일 ::

시골 사람들 마당

서울대학교병원 본원 1층 편의점은 24시간 운영한다. 환자나 보호자의 편의를 위해 24시간 운영하는 것 같다. 덕분에 필요한 물품을 제때 구입할 수 있어 감사한 마음이다. 101병동을 간혹 벗어나는 일이 있다면 거의 1층 편의점을 이용하기 위함이다. 살균 또는 멸균 처리된 우유나 두유 같은 간식을 구입하고 복숭아캔, 햇반을 구입하기도 한다.

오늘은 편의점에서 물티슈를 구매하고 10층으로 향하는 엘리베이터에 탑승했다. 항상 느끼는 것이지만, 서울대학교병원을 찾는 환자와 함께 동행하는 보호자가 참 많다는 생각을 하고 있다. 그래서 엘리베이터는 항상 만원이다.

6월의 무더위는 엘리베이터 안까지 데우고 있고, 짙은 향수나 이따금 풍기는 땀 냄새는 복잡한 세상만큼이나 다양하게 그 모습을 달리하고 있다. 다양한 모습으로 살아가는 사람들이 만들어가는 이야기가 세상 이야기이니, 어쩌면 엘리베이터 안 세상이 우리네 세상살이와 같다는 생각을 해본다. 그리고 나는 이 속에서 잠시나마 세상 사람들과 소통하고 있다.

엘리베이터가 1층에서 10층까지 올라가는 시간은 순식간이다. 말 한마디 건넬 시간도 없어 보이는……, 그래서인지 항상 엘리베이터 안은 조용하다.

항상 그랬던 것처럼 1층의 엘리베이터는 고요한 움직임을 시작하고 있다. 엘리베이터가 3층을 지나고 있을 때 아주머니 한 분이 고요함을 깨고 당당하게 말씀하신다.

"서울대학교병원은 시골 사람들 마당인 것 같아. 온 병실에 사투리가 가득하고 도대체 무슨 말인지 알아들을 수 없어. 시골 사람들은 서울대학교병원이 대한민국 최고의 병원이라고 믿는 무슨 맹신주의자인 것 같아."

옆에 계신 아주머니께서 한 말씀 더하신다.

"그래 맞아. 시골 사람들은 다른 병원에 안 가고 오로지 서울대학교병원만 오는 것 같아."

아주머니 두 분의 당당함에 나는 고개를 숙이고 있다. '여기 시골 사람 한 명 더 있어요.' 라고 감히 말하고 싶지만 차마 그렇게 하지 못하고 있다. 엘리베이터가 10층에서 멈추자 서둘러 내렸다.

곰곰이 생각을 해본다. 101병동에는 28명의 희망을 찾는 파랑새가 있다. 그러고 보니 28명의 파랑새는 대부분 시골 출신이다. 동생이 있는 3호실에도 4명 중 1명만 서울이고 나머지 3명은 시골 출신이다. 서울대학교병원은 특히 시골 사람들에겐 희망의 상징인 곳 같다.

나는 시골에서 태어나서 시골에서 자랐다. 최근 7년 서울 생활을 제외하면 대부분이 시골 생활이다. 그랬던 것 같다. 시골에서 태어나 시골에서 생활한 나에게 서울대학교병원은 왠지 모를 희망의 상징이고 대한민국 최고의 병원임이 틀림없다. 2002년 서울대학교병원을 처음 찾았을 때 그 마음도 틀림없이 그랬다고 생각된다. 시골 사람, 서울 사람이 무슨 차이가 있겠는가. 모두가 한마음인 것은 쾌유를 바라는 마음일 것이다. 별 관심 없이 지낸 하나의 사실이 있었다면, 그것은 틀림없이 서울대학교병원에는 시골에서 온 환자분들이 많다는 사실이다.

TV 프로그램 〈개그콘서트〉에서 시골 사람 서울 생활 이야기 중 "사람들이 저에게 길을 물어봐요. 그러면 저는 이렇게 이야기해요. 택시 타세요."라는 부분이 생각나는 하루다.

간호사님이 병실에 혈압 측정하러 왔을 때 "간호사님, 저도 서울말 잘해요."라고 했더니 웃기만 한다. 서울 생활 7년이 지나도록 경상도 사투리는 못 고치고 있나 보다. 시골 사람이라는 이유만으로 오늘 하루도 웃으며 지나간다.

:: 36일째, 6월 22일 ::

커피 한잔의 여유

101병동 36일째, 36일 동안 커피를 못 마시고 있다. 동생은 바리스타 수준의 커피 애호가다. 많이 마시는 것은 아니지만 직접 원두커피를 내려서 마시는 생활을 했다.

101병동에는 커피를 허락하지 않는다. 그럼에도 불구하고 동생에게 커피 금단증상이 없는 것을 보면 신기할 정도다. 나는 동생과 반대로 커피를 마시지 않았다. 별로 맛도 못 느끼고 오후에 커피 한잔이라도 마시는 날에는 밤새 잠을 설치는 경우가 많았다.

그런데 나는 병동 생활을 하면서 배선실에서 자주 커피를 마신다. 1회용 믹스커피를 간혹 마시면 스트레스가 훨씬 줄어드는 것 같아서 하루에 서너 잔을 마시고 있다. 물론 동생에게 커피를 마신다는 것은 비밀로 하고 있다. 그렇게 마시고 싶은 커피를 동생은 못 마시는데 나만 마시고 있다는 것이 미안하기 때문이다.

101병동에서 동생이 커피 금단증상을 이기는 방법이 있다. 정말로 커피가 마시고 싶은 날에는 "형, 오늘도 간호사님들 힘드신 것 같은데 커피라도 사 드리면 안 될까요?"라고 말한다. 간호사님들께 커피를 사 드리는 것으로 동생은 자신이 마신다고 생각을 하는 모양이다. 그래서 자주 커피 배달을 한다.

1층 편의점에는 총 13종류의 커피 음료가 있다. 종류별로 넉넉하게 배달하면 간호사님들은 골라 마시는 재미가 있을 것 같아서 항상 다양한 종류로 배달하고 있다. 배달 후 동생에게 즉시 알린다. 그러면 동생은 만족해한다. 물론 커피 배달료는 퇴원 후 정산하기로 했다. 덕분에 나는 입원 중에 부업이 생긴 것이다. 커피 배달 중 하나 정도는 슬쩍해서 마시고 싶지만 차마 그렇게는 하지 못한다. 배선실에서 마시는 믹스커피는 뜨거운 1회용 커피다. 하지만 1층 편의점에서 구입하는 시원한 커피 음료는 한여름 타는 갈증을 풀어주기에 충분하다. 나 혼자 커피를 마시지 못하는 이유가 여기에 있다. 그렇게 마시고 싶은 커피를 못 마시는 동생과 함께 나눌 수 있는 것은 마음이기에 배달에 충실할 뿐 커피를 탐하지는 않는다.

오늘도 커피 배달을 했다. 야간 근무를 하는 101병동 의료진을 위한 배달이다. 커피 한잔의 여유가 일상에서 잠시 사라진 생활이지만 그 여유를 간절히 바라는 마음으로 배달했다. 시원한 커피 한잔의 여유! 한편으로 생각해 보면 참으로 흔한 여유임이 틀림없다. 내일이면 그 흔한 여유를 맘껏 부릴 수 있을까! 아니면 모레일까? 기다림으로 행복할 수 있음을 알아가는 101병동의 생활이다. 언제일지 모르는 기다림이지만 오늘도 행복한 기다림을 수없이 해보는 하루다.

삶의 모든 것이 기다림이지만, 기다림을 할 수 있음이 행복한 것임을 알기에 오늘도 기다림의 시간을 보내고 있다. 커피라는 사소한 매개체를 통해 행복한 하루를 보내고 있다. 밤 11시가 넘어 혈압 측정을 위해 병실에 온 간호사님이 커피 한잔의 여유에 감사의 인사를 전하고 간다. 작지만 큰 기쁨이다. 드릴 수 있어 행복하고 나눌 수 있어 행복한 하루를 마무리하고 있다.

43

:: 37일째, 6월 23일 ::

막걸리 인생

프레시안 인문학습원에는 '막걸리학교' 강좌가 있다. 10주 과정으로 매주 1회 저녁 7시부터 9시까지 강의를 진행한다. 현재 9기 과정이 진행되고 있는데, 나는 2기 과정을 수료했다. 한 기수에 40명이니까 막걸리학교와 인연을 맺은 수강생도 벌써 360명이나 된다.

막걸리학교 2기는 2009년 12월에 7분(420초)의 인연으로 시작되었다. 막걸리학교 2기는 인터넷으로 선착순 접수를 받았다. 수강생 모집 개시 시간 7분 만에 40명 접수가 완료되었다. 그래서 막걸리학교의 인연은 7분의 인연이라고 말하고 있다.

10주 과정 동안 왜 막걸리를 배우느냐고 질문을 많이 받았었다. 와인이나 커피 애호가는 있어도 막걸리 애호가는 아직 집중을 덜 받던 시절이라, 막걸리 열풍에 반신반의하는 사람이 많았었기에 당연한 질문이었다. 그냥 사람이 좋아서 막걸리를 배운다고 이야기했지만, 사실 막걸리의 매력은 말로 다 표현할 수 없다는 생각이다. 내가 살아가는 인생이 그냥 막걸리 같았으면 하는 바람이 많아서 찾아간 곳이라는 생각도 해본다. 막걸리 같은 인생!

막걸리 같은 인생이 동생과 내가 바라는 인생이다. 동생은 술과 담배를 하지 않는다. 이유도 모르는 병으로 힘들어하면서 몸에 좋은 것만 찾아서 살아온 인생이라 구태여 나쁘다는 술과 담배를 할 여유가 없었다.

술 한 잔이 보약이라는 말이 있다. 심한 스트레스를 받을 때 술 한잔하는 것이 오히려 약이 될 수 있다는 말인 것 같은데, 길지 않은 인생이지만 내가 느끼기에도 그러한 것 같다. 물론 이것은 동생에게도 예외는 아니었기에 동생도 심하게 스트레스를 받으면 술 한잔할 때도 있다. 그럴 땐 막걸리를 한 잔씩 했었다. 무작정 참는 것보다 술 한잔에 모든 시름을 던져버리는 것이 오히려 보약이라는 생각으로 이따금 마시는 술이 막걸리였다. 발효주인 막걸리는 장운동을 촉진해 소화에 도움이 되므로 독한 양주나 소주보다 훨씬 이롭다는 나름의 생각으로 막걸리를 택했다.

동생과 내가 바라는 막걸리 같은 인생이란 것이 이러하다. 모든 것이 옳고 모든 것이 그릇된 것이 아닌 옳고 그릇됨이 지나치지 않은 인생을 원한다. 한잔의 술이 때론 보약이 되는 인생. 그래서 동생과 나는 막걸리를 대한민국 최고의 술이라 생각하고 막걸리 같은 인생을 살고 싶은 것이다.

막걸리학교에서 동문수학한 동기생 몇 분이 병문안을 오셨다. 동기생 40명 중 내가 제일 나이가 어린 편이니 다들 형님 누나들이고 환갑을 넘기신 큰 형님, 큰 누님들도 계신다.

막걸리가 좋아서 만난 막걸리 인생이다. 10주간 동문수학한 인연이 과정을 마친 후에도 계속 이어지고 있다. 양조장을 운영하는 동기님과 동문님들이 많으니 명실상부한 막걸리학교임이 틀림없다는 생각이다.

여느 때 같으면 막걸리 한잔에 흥이 넘칠 시간인데 오늘은 101병동 휴게실에서 조용한 만남을 진행하고 있다. 막걸리 인연에 막걸리 없이 대화를 하는 자리는 처음이다. 진심으로 동생의 안부를 함께 걱정해 주는 따듯한 정이 넘치는 자리다. 수술을 확정하고 술자리에 발길을 끊은 지 오늘로 정확하게 석 달이 지나고 있다. 행복한 마음으로 퇴원하면 꼭 동기생 모임을 갖자는 약속을 하고 자리를 일어선다.

막걸리 같은 인생의 희망을 안고 오늘도 하루를 마무리한다. 건강한 모습으로 동생과 마주 앉아 더도 말고 덜도 말고 막걸리 딱 한잔할 수 있는 그날을 기약하며 오늘 하루도 행복함으로 마무리한다.

:: 38일째, 6월 24일 ::

면벽 수행

득도한 스님들의 깨달음으로 통하는 과정 중에 면벽 수행이 있다. 감히 흉내를 내보기도 하지만 일반인이 깨달음의 경지에 도달하기란 쉬운 일이 아니다.

3호실 동생의 침대 가까이에 조그마한 창이 있다. 창이 있어 햇빛을 볼 수 있어 다행이긴 하지만 창밖으로 볼 수 있는 것은 건물 벽이다. 서울대학교병원 본원의 구조상 전면이 아닌 후면에 위치한 병동에서는 창밖으로 건물이 보이는 구조로 설계되어 있다.

38일째 벽만 보고 생활하고 있다. 햇볕이 들지 않는 날은 흐리거나 비가 오는 것을 짐작만 할 수 있다. 동생과 나는 38일째 면벽 수행의 흉내를 내고 있는 것이다.

무균실이란 특성을 가진 101병동은 9병실 28침실 어디에서라도 창문을 열 수 없다. 창은 있으나 그 창을 열지 못하는 생활을 하는 곳이 101병동이다. 외부의 공기는 절대 창을 넘어 들어올 수 없고, 모든 실내 공기는 중앙 제어실을 통해서 무균 상태로 처리되어 각 병실로 공급되고 있다. 그러한 이유로 본인의 의지와 상관없이 세상의 공기와 차단되어 긴 시간을 생활하다 보면 정신적 스트레스를 호소하는 환자들이 생길 수 있는 곳이다.

출근하는 간호사님들의 말을 빌자면 오늘은 비가 내린다고 한다. 물론 3호실 창 너머 내리는 비를 실감할 수 없지만, 햇빛이 들어오지 않기에 비가 내리는 것을 짐작할 수 있다.

101병동에 입원한 5월 18일 이후로 동생은 3호실 문을 나서보지 못했다. 조혈모세포 이식 후 백혈구와 과립구의 수치 회복이 늦어지고 있고 혈소판 수치도 병실 문을 나서 복도를 걸어볼 상황이 아니었다. 38일간의 면벽 수행은 일상생활이 되었고 창문 넘어 세상을 볼 수 없듯이 병실 밖 복도를 걸어다니는 것도 넘볼 수 없는 생활이었다. 서울대학교병원 본원 10층에는 그들만의 세상이 있는데, 한 번이라도 들어오지 않은 사람들은 감히 짐작할 수 없다. 그들만의 세상이 타인의 세상이 아니라 우리의 세상이 된 지 38일째다.

3호실 병실 문을 나선다. 101병동을 움직이는 대부분의 주인공들이 잠이 든 밤 11시, 적막하리만큼 고요한 복도로 발걸음을 옮긴다. 한 걸음 한 걸음 소중한 발자국을 남기고 있다. 38일 만의 외출이다. 간호사실을 지나 복도 끝까지 걸어 가는 5분 동안 숨죽인 듯 고요하게 발걸음을 옮기고 있다. 복도 끝에서 몸을 돌려 반대편 복도 끝에 위치한 3호실까지 다시 발걸음을 옮긴다. 간호사실을 지날 때 놀란 눈으로 간호사님들이 우리를 주시하고 있다. 백혈구, 과립구, 혈소판, 적혈구(혈색소) 수치로 논하자면 지금 이 순간 병실 문을 나와서 복도를 걸어 다닐 수 없기에 간호사님들의 걱정이 가득한 눈빛을 충분히 이해하고 있다.

하지만 넘어지거나 부딪히거나 다치지 않으면 된다는 것은 알고 있다. 옆에서 동생을 살며시 부축하고 걷는다. 병동 입구에 있는 3호실 병실 앞까지 되돌아왔다. 숨이 찬다. 38일 만의 외출은 결코 쉬운 길은 아니다. 그래도 여기서 멈출 수 없다. 잠시 쉬었다가 다시 뒤돌아 걷기 시작한다. 다리에 통증이 오기 시작하는 모양이다. 동생의 걸음이 조금씩 불편해지는 것 같다. 38일 동안 무균실 비닐 커튼 밖으로 나와서 이렇게 긴 거리를 걸어 보지 않았기에 발목과 다리 관절에 무리가 가는 것 같다.

복도를 3번을 왕복하고 나니 30분이 지나갔다. 더는 무리인 것 같다. 병실로 되돌아왔다. 38일 만의 외출을 무사히 마치고 조그마한 창이 있는 3호실 침실로 돌아왔다. 오늘의 첫걸음은 기필코 내일의 희망을 위한 발판임을 확신하며 마음의 평온을 되찾기 시작한다.

체온과 혈압이 정상으로 복귀하고 있다. 한동안 후들거리는 다리를 붙잡고 앉아 있던 동생이 침대에 누웠다. 한밤의 소중한 희망 여행은 마무리되었다. 밤은 깊어가고 있다. 오늘 하루도 행복하게 마무리하고 있다. 달콤한 꿈을 꾸기에 어울리는 밤이다.

:: 39일째, 6월 25일 ::

45 대한적십자사 혈액관리본부 홍보위원

2009년부터 실시하고 있는 길거리 헌혈 홍보는 이제는 빠질 수 없는 매주 행사로 자리매김했다. 나는 주삿바늘이 무서워 헌혈을 하지 못했다. 군 복무 시절 딱 한 번 헌혈을 했다. 35년 동안 살면서 유일하게 한 번 실시한 헌혈이었다.

많은 시간 동생과 병원을 다니면서 트라우마가 생겼다. 바늘만 보면 무서워하는 알 수 없는 트라우마다. 극복할 수 없다고 생각하고 그렇게 35년을 살았다. 동생 친구들이 동생을 돕겠다며 헌혈증을 모아왔을 때 그 옆에서 지켜보기만 했다. 결코 주삿바늘을 극복할 용기가 나지 않았다.

어느 날 마음을 바꿔 먹기로 했다. 살아 보겠다는 동생의 열정 앞에 도대체 나는 무엇을 하고 있냐는 물음에 할 말이 없음을 알게 된 후 마음을 바꿔 보기로 했다. 하지만 혼자서 헌혈의 집에 갈 용기가 없었다. 애써 용기를 내어 헌혈의 집에 갔다가도 문 앞에서 돌아오기 일쑤였다.

그래서 함께 하기로 했다. 대우건설 사내 봉사 동호회를 발족시키고, 회장의 중책을 맡고 있는 내가 무서워서 헌혈을 못 한다면 남들이 비웃을 것이다. 3개월에 한 번씩 대우건설 단체 헌혈 행사를 실시하기로 공지하고 이를 지켜나가기 시작했다. 대우건설 전 임직원과의 약속이기에 반드시 지켜야 할 약속이 되었고, 갖가지 어려움 속에서도 이를 지켜나가게 되었다.

35년 동안 살면서 딱 한 번 실시한 헌혈이었다. 그 이후의 5년 동안 46회의 헌혈을 하게 되었다. 꾸준히 헌혈하는 모습을 보고 대한적십자사 혈액관리본부에서 홍보위원으로 위촉해 주었고 덕분에 특별한 일이 없는 한 매주 토요일 헌혈의집에서 '길거리 헌혈 홍보'를 하고 있다. 광화문 헌혈의 집을 거쳐 현재는 서울의 한복판 명동에서 매주 토요일 '길거리 헌혈 홍보'를 실시하고 있다.

101병동에서 6번째 토요일을 보내고 있다. 명동 헌혈의 집에서 목이 터져라 '길거리 헌혈 홍보'를 하고 있을 시간인데 명동에 6주째 가지 못하고 있다. 헌혈 홍보 나누미 캐릭터 의상을 입고 "사랑의 헌혈입니다. 혈액이 많이 부족합니다. 헌혈은 사랑의 실천입니다."를 외칠 시간에 세상의 울타리 너머에서 다른 세상 이야기를 만들어가고 있다.

토요일과 일요일에는 종합병원에도 혈액 수급이 부족해서 제때 수혈을 못 하는 경우가 많다. 오전에 수혈 결정이 났는데 혈액 수급이 지연되어 오후에 수혈을 하는 경우가 발생하는 것을 보고 있는 마음이 착잡하다. 차라리 명동으로 나가 길거리에서 목이 터져라 헌혈의 필요성을 외치고 싶다. 한 분이라도 더 헌혈을 할 수 있게 내 모든 역량을 발산하고 싶은 생각이다. 하지만 갈 수 없다. 지금은 명동 헌혈의 집이 아니라 서울대학교병원 101병동이 내가 있을 자리임을 알기에 결코 움직일 수 없다.

동생과 같은 B형의 혈액형을 가졌더라면 부족한 혈액을 동생에게 주고 싶은데 나는 AB형이라 그럴 수 없어서 마음 아프다. 조혈모세포 기증으로도 힘에 겨운 칠순의 어머니를 다시 서울로 모시고 올 상황은 아니라 더욱더 마음이 아픈 것이다.

나는 일면식도 없는 사람들을 위해 '길거리 헌혈 홍보'를 했다. 거의 한 달에 한 번씩 혈소판 헌혈을 실시하며 생활한 지난 5년의 세월이 무심하기만 하다. 농축 적혈구와 혈소판을 수혈하기 위해 마냥 기다리고 있는 동생을 보기 안쓰럽고 미안하다. 지금 내가 동생을 위해 할 수 있는 일은 아무것도 없다. 단지 함께 옆에 있어 주는 일 외에는 그 어떤 것도 허락하지 않는다.

이러한 상황을 모두 극복하고 행복한 마음으로 퇴원한 후에 다시 명동 헌혈의 집으로 돌아갈 수 있을까 고민해 본다. 지난 5년을 그러했듯이 일면식도 없는 사람들을 위해서 '길거리 헌혈 홍보'와 '혈소판 헌혈'을 계속할 수 있을까 심각하게 생각해 본다. 답은 "그래도 해야지."다. 그래, 그래도 해야지. 대한민국이 혈액 수입국의 오명을 벗는 그날까지 '길거리 헌혈 홍보'는 계속되어야 함을 다짐하며 오늘 하루도 마무리하고 있다. 내일은 행복할 것이라는 기대로…….

:: 40일째, 6월 26일 ::

더덕 캐는 형제

오늘 3호실에는 더덕 이야기가 한창이다. 몸에 좋다는 것을 찾아 전국을 돌아다닐 정도로 삶에 대한 애착을 가진 분들이 많은 곳이 101병동이다. 물론 대한민국 최고의 의술을 자랑하는 서울대학교병원에 대한 신뢰는 하늘을 찌를 정도지만 환자나 보호자의 입장에서는 몸에 좋다고 하면 무엇이라도 하고 싶은 것은 같은 마음이라 생각한다.

더덕은 반찬으로 항상 먹을 수 있는 것이고 잘만 먹으면 몸에 좋다고 하니 많은 분들이 즐겨 먹는 음식이다. 더덕은 인삼, 단삼, 현삼, 고삼과 더불어 오삼 중 하나로 사포닌과 히눌린 성분을 함유하고 있어 약효가 뛰어나 한약제 사용으로 많이 쓰인다. 기관지염, 해독작용, 항암작용에 탁월한 효능을 지니고 있고 특히 여름철 땀을 많이 흘리는 사람에게 더덕 우린 물은 특효로 알려져 있다. 이러한 이유로 일반인이나 환자 모두가 더덕을 즐겨 찾는 것 같다. 더덕구이, 더덕장아찌, 더덕무침, 더덕생채, 더덕찜 등 다양한 요리가 가능하기에 음식으로 맛있게 먹으면서 보약이 되니 당연히 일석이조라 할 수 있다.

고향에는 더덕밭이 있다. 몸에 좋다는 이야기를 들으신 부모님이 아예 밭 전체에 더덕을 심어 더덕밭이 되었다.

나는 한두 달에 한 번씩 고향에 내려간다. 부모님께 인사도 드리고 오랜만에 상큼한 공기를 마시며 하룻밤을 보내고 서울에 돌아오면 영혼의 찌꺼기가 모두 빠져나가는 것 같아 기분이 아주 좋다.

고향에 가서 하는 중요한 일 중의 하나가 더덕 수확이다. 더덕은 다년생이기에 땅이 녹는 봄부터 땅이 얼기 전 늦가을까지 수확이 가능하다. 더덕 수확은 손이 많이 가는 작업이다. 기계를 이용해서 수확할 수 없다. 오직 괭이나 호미를 이용한 수작업으로 수확이 가능하다. 서두르거나 무리를 해서 수확을 하자면 더덕의 뿌리가 손상을 입는 경우가 많기에 정성과 시간을 요하는 작업이다. 동생과 함께 더덕밭에서 온종일 수확하면 한두 달 먹을 정도의 더덕을 수확할 수 있다. 그날은 더덕 캐는 형제의 진가가 발휘되는 날이기도 하다. 욕심내지 않고 먹기에 충분한 양으로 무엇이든 '과유불급'의 원칙에 충실한 삶을 살아오신 부모님의 삶에 기준한 것이다.

더덕을 수확하는 날에는 동네 잔치를 한다. 동네라고 해야 네

가구가 모여 사는 조그마한 동네라 그리 많은 양이 필요하지 않다. 더덕구이에 막걸리 한잔의 인심이면 동네 잔치에 부족함이 없다. 더덕구이 동네 잔치는 소탈한 시골 살림과 넉넉한 고향 인심이 하나가 되는 날이다.

더덕 이야기로 시작한 날이다. 오늘은 동생과 함께 행복한 추억을 공유하고 있다. 많이 가지고 적게 가진 것이 차이가 무엇인가를 고민해 본다. 더덕구이에 막걸리 한잔이 행복일 수 있고, 강남 최고의 아파트에 수입차를 타고 다니는 것도 행복일 수 있다.

사람의 마음이야 변할 수 있겠지만 지금의 마음은 틀림없이 더덕구이에 막걸리 한잔의 여유를 만끽하고 싶다. 동생과 함께 부모님 모시고 오순도순 살아가는 이야기가 지금 선택하는 행복이라고 감히 확신해 본다.

얼마쯤 시간이 지나면 고향에서 동생과 함께 더덕을 캐고 있을까? 물론 가능한 일일 것이다. 그리 멀지 않은 시간에 실현 가능한 일이라 확신하고 있다. "행복해서 웃는 것이 아니라 웃어서 행복하다."라는 말이 진실이라 확신한다. 행복한 생각을 많이 하면 할수록 행복한 일은 현실로 다가올 것임을 믿는다. 그래서 오늘 하루도 행복하게 마무리하고 있다.

:: 41일째, 6월 27일 ::

행복한 가족

41일 동안 따뜻함과 온화함으로 인술을 베푸신 전임의 강은주 선생님이 다른 병동으로 가시고 새로운 전임의 선생님이 오셨다. 퇴원하는 날까지 함께 할 수 있기를 바랐지만 병원 시스템이 그렇다기에 할 수 없는 일이다. 새로 부임하신 전임의 선생님도 친절한 분이면 좋겠다는 생각을 하고 있다. 하기야 서울대학교병원 의료진이야 대한민국 최고임은 부정할 수 없는 사실인데, 내가 지나친 걱정을 하고 있는 것 같다.

아침 식사 후 새로 부임하신 전임의 이윤규 선생님이 병실에 오셨다. 얼굴 가득 환한 미소로 인사를 건네시는 모습에 그저 감사한 마음이다. 나이를 알 수 없지만 나보다 훨씬 어려 보인다. 근데 벌써 전임의 선생님이다. 얼마나 공부를 열심히 했으면 서울대학교병원 전임의 선생님이 되었을까! 참 부러운 일이다. 불혹의 나이에 아무것도 이룩한 것 없이 사는 내가 참 처량해 보인다.

인사를 하고 보잘것없지만 명함을 건넸다. 명함을 한참 보더니 전임의 선생님 친형님이 대우건설에 근무한다고 말한다. 직급은 대리고 현재 국외 근무 중이라는 설명을 덧붙인다.

2005년부터 회사에서 품질경영교육을 하고 있으니, 2008년에 입사한 전임의 선생님 형님도 내 교육을 수강했다는 추정을 해본다. 1년에 2,000~3,000명 교육을 진행하니 모든 직원을 기억할 수 없지만 미루어 짐작은 할 수 있다. 나는 1998년에 대우건설에 입사했고 전임의 선생님 형은 2008년에 입사를 했다. 이를 근거로 전임의 선생님은 아마도 최연소 전임의 선생님이 아닐까 생각한다. 많지 않은 나이에 대한민국 최고의 병원인 서울대학교병원 전임의 선생님이라니 정말 대단한 것 같다.

가족 중에 서울대학교병원 의사선생님이 있으면 얼마나 좋을까! 우리 집에 의사선생님 한 분만 있었어도 동생이 이렇게 힘들게 지난 시간을 보내지 않았을 텐데. 오늘따라 동생에게 미안한 마음이 더해진다.

행복한 가족! 우리 가족은 어떨까 하는 생각을 해본다. 10년을 기다려 찾아온 101병동이다. 희망을 찾아온 101병동이다. 부족한 병원비에 항상 가슴 조이며 생활했지만 결코 포기하지 않은 시간이었다. 하루하루를 버텨나가는 것이 힘겨운 시간이 많았지만 희망을 노래하며 지낸 세월이었다. 감히 행복을 말할 수 없었지만 희망은 버릴 수 없었기에 서로를 위로하며 지낸 인고의 시간이었다. 외국 여행은 물론 국내 여행도 가족 여행 한 번 못 가보고 살았다. 단지 하루하루를 살아서 숨 쉴 수 있다는 것에 만족하며 살아온 시간이다. 행복이 무엇일까! 살아서 함께 숨 쉴 수 있음이 우리 가족에게는 최고의 행복이다. 남들 다하는 것을 모두 다하지 못함이 불행한 것이 아니라, 남들 다하는 그 흔한 것 중 하나라도 할 수 있음이 우리 가족에게는 최고의 행복이다.

타고 태어난 팔자를 싫다고 던져버릴 수 없는 것이 인생이듯 하나하나에 만족하는 방법을 배워온 시간이며, 그것이 행복이라 생각하며 살았다.

행복! 그거 얼마냐는 반문을 해본다. 행복이 얼마냐는 질문을 한다면 대답을 어떻게 할까 고민하는 사람들이 많다. 우리 가족에게 행복은 명확하다. 행복의 값은 정해져 있지 않다. 행복을 얼마냐의 가치로 계산하기 시작하면서 불행은 시작되는 것이다. 행복은 그냥 행복인 것이다. 살아가는 방법이 어떠하든 함께 할 수 있다는 것은 무조건 행복인 것이다.

이 세상에서 함께 숨 쉴 수 있음이 행복한 일이다. 그래서 오늘 하루도 행복하게 보내고 있다.

48

:: 42일째, 6월 28일 ::

선몽

선몽이라고 할까! 행복한 꿈을 꾸었다. 101병동에서는 깊은 잠을 잘 수 없다. 물론 사람에 따라 차이는 있겠지만 나는 42일 동안 깊은 잠을 잔 기억이 없다. 그래서인지 꿈을 꾼 기억도 없는 것 같다.

하기야 꿈을 꿀 나이는 지났는지도 모르겠다. 한가한 꿈 이야기의 꿈은 꾸지 못했지만 희망이라는 내일의 꿈을 향해 열심히 달려온 시간이라 생각한다.

꿈을 꾼다는 것을 잃어버리고 지낸 42일 만에 행복한 꿈을 꾸었다. 깊은 잠을 잔 것은 아니었지만 어젯밤에는 행복한 꿈을 꾸었다. 선몽일까? 오늘 무슨 좋은 일이 있을까 내심 기대를 하고 있다. 꿈 이야기는 오전에 말하는 것이 아니라는 어르신들의 말씀이 생각나 동생에게는 말하지 않고 있다.

병원에서의 오전 시간은 빠르게 지나간다. 아침 식사 후 양치질하고, 약 먹고 점심 식사를 기다리고 있다. 오늘도 여느 때와 마찬가지로 같은 일상의 반복이다.

101병동에서는 매일 아침에 혈액검사를 위한 채혈이 이루어지고 오전 11시 30분쯤 검사 결과가 나온다. 친절한 간호사님이 혈액검사 결과를 침대 곁에 부착되어 있는 결과지 판에 매일 기록해 주신다. 조혈모세포 이식을 받은 환자는 혈색소, 백혈구, 과립구, 혈소판 수치를 철저하게 관리한다. 매일 아침에 실시하는 혈액검사 결과에 따라 수혈을 하거나 주사제 또는 약을 처방받게 된다.

동생은 어제까지 백혈구 촉진제를 투약했다. 이식받은 조혈모세포가 생착하여 백혈구를 생성할 수 있도록 도와주는 촉진제다. 촉진제를 투약하여 과립구와 백혈구 수치가 정상치를 벗어나지 않고 안정적인 것으로 판단되면 투약을 중단한다. 투약 중단 후 3일 이상 과립구와 백혈구 수치가 정상으로 확인되면 퇴원을 결정할 요건이 갖춰진다. 요건이 갖춰진 후 추이를 지켜보다가 문제가 없다고 생각되는 시점에서 골수검사를 실시하여 이식받은 조혈모세포 생착을 최종 확인한 후 퇴원을 확정하게 된다.

동생은 어제부터 백혈구 촉진제 투약을 중단했다. 오늘 혈액검사 결과는 촉진제를 투약하지 않고 하룻밤을 보낸 후 실시하는 첫 번째 검사이다. 촉진제 투약 중단 후 수치가 급격하게 떨어지는 경우가 많아서 절대로 안심할 수 없다. 오늘 검사 결과가 중요한 이유가 여기에 있다. 두근거리는 마음을 절제하며 결과가 나오기를 손꼽아 기다리고 있다.

항상 같은 시간인 오전 11시 30분에 간호사님이 병실에 와서 검사 결과를 결과지 판에 기록한다. 환한 미소로 병실에 들어서는 모습에서 좋은 결과라는 직감을 하고 있었지만 기대는 금물이다. 간호사님이 기록한 혈색소, 백혈구, 과립구, 혈소판 수치를 조심스레 보고 있다. 백혈구 촉진제를 중단했는데도 모든 수치가 조금씩 상승했다. 동생과 함께 보고 또 보고 한참을 쳐다보고 있다.

이건 꿈이 아니고 현실이다. 수치가 올랐다는 것은 희망적인 것을 의미한다. 꿈이 아닌 현실을 실감하고 있다. 그렇다면 어젯밤에 꾼 꿈은 선몽임이 틀림없다. 어젯밤의 행복한 꿈은 오늘 행복한 현실이 되었다. 오늘 이 행복한 결과를 어젯밤에 미리 알려준 것이다.

앞으로 행복한 꿈을 몇 번만 더 꾸면 퇴원할 수 있다는 현실의 꿈이 생겼다. "꿈은 이루어진다."라는 진실을 믿고 싶다. 동생과 손을 꼭 잡고 다짐한다. 기필코 꿈은 이루어진다고 확신하고 있다. 행복한 꿈 이야기로 오늘 하루도 희망을 더해가고 있다.

:: 43일째, 6월 29일 ::

수면제

백혈구 촉진제 투약 중단 2일째 혈액검사 결과가 양호하다. 결과에 충분히 만족하고 있다. 숨죽이며 지내온 43일에 대한 행복한 결과라 생각하며 앞으로의 계획을 살며시 세워보고 있다.

간절하게 바라는 희망이라는 목표에 조금씩 다가가고 있음을 실감하고 있다. 결코 삶의 열정은 배신당하지 않음을 감히 확신하고 있다. 느리지만 서서히 다가갈 수 있음은, 그 또한 삶의 매력이라 생각한다. 아무리 힘들고 어려운 일도 "이 또한 지나가리라."라는 진리를 확신했기에 그 결과는 행복함으로 가는 디딤돌이 되어 주었다.

오늘 하루도 내일로 가는 디딤돌이고 틀림없이 튼튼하고 안전한 디딤돌임을 확신한다. 101병동은 기다림의 시간이다. 입원하는 그날부터 기다림은 시작되었고, 기다림의 종착역에 언제 도착할지 몰라도 기다리고 또 기다리다 보면 기필코 기다림의 종착역인 '행복역'에 도착할 수 있다고 생각한다.

101병동 28인의 주인공 모두가 오늘 하루도 기다림으로 시작하고 또한 기다림으로 오늘 하루를 마무리할 것이다. 기다리자. 세상이 있는 한 기다리는 것이 답인 것이다.

행복함으로 시작한 하루가 얼마의 시간을 버티지 못하고 난관에 부딪히고 있다. 조혈모세포 이식 후 가장 늦게 회복되는 것이 혈소판(정상인 혈소판 수치는 140,000 이상)이다. 입원 전 동생은 혈소판이 30,000~50,000 정도였다. 일반인은 결코 상상할 수 없는 삶을 살아왔다. 조혈모세포 이식 후 제일 걱정되는 부분이었고 회복 기간이 길기에 당장 확인할 수 있는 상황도 아니었다. 최근에 혈소판 수치(10,000~12,000)가 너무 낮아 혈소판 수혈을 실시했다.

거의 매일 혈소판 수혈을 실시했음에도 불구하고 혈소판 수치의 변화가 없었다. 수치의 변화가 없음을 확인하고 정밀 검사를 실시했다. 오늘 최종 검사 결과가 나왔다. '혈소판 수혈 불응증' 확정을 받았다. 지난 10년 동안 매월 1회 정도 부산대학교병원에서 수혈을 했다. 장기간 수혈한 환자들에게 나타나는 증상이 '혈소판 수혈 불응증'이라고 한다. 일반인은 평생을 살면서 수혈을 할 경우가 거의 없다. 매월 1회의 수혈은 결코 많은 횟수는 아니지만 일반인에 비하면 월등히 높은 편이고, 당연히 '혈소판 수혈 불응증'이 발생할 수 있다는 추가 설명을 들었다.

수혈을 해도 혈소판 수치가 올라갈 수 없다는 것은 아주 심각한 결과를 초래할 수 있다. 그래도 희망이 있다는 것은, 만일 상황이 어려워지면 어머니로부터 수혈을 받으면 수치가 회복될 수 있다는 것이다. 조혈모세포를 어머니께 받았기에 혈소판은 당연히 거부 반응 없이 수혈이 가능하고 수혈하면 혈소판 수치는 급격하게 상승할 수 있다고 한다. 불행 중 다행스러운 일이다. 또한, 지금 혈소판 수치가 낮다고 해서 항상 그러하다는 것은 아니고 회복 기간이 지나 혈액 생성이 안정기에 접어들면 혈소판 수치도 회복될 수 있다고 한다.

지금이 문제다. 당분간 출혈 등의 별문제 없이 지내주면 혈소판 수치는 기필코 오를 것이기에 이 또한 기다림이란 이름으로 희망을 바라볼 수 있다. 항상 기다림이다. 기다리는 것이 답인 101병동이다.

'혈소판 수혈 불응증'에 대한 동생의 반응이 심각하다. 지금껏 잘 버텨주었는데 오늘 검사 결과에 대해서는 많이 불안해하고 있다. 옆에서 지켜보는 내 마음도 아프다. 당장 해결점을 찾을 수 있는 것도 아니고 무작정 기다리는 것을 받아들이는 일이 그리 쉬운 것이 아니기에 마음이 더 아프다. 지난 세월 소중하게 지켜온 희망을 버리지 말자고 말을 하지만, 오늘은 귀담아 들을 여유가 없는 모양이다.

힘들게 오늘까지 왔는데 '혈소판 수혈 불응증'이란 결과는 10년의 기다림의 의미를 무색하게 할 최대의 변수가 된 것 같다.

이 또한 지나갈 것을 확신하지만, 동생에게는 무척 힘든 순간일 것이라 감히 짐작을 한다.

점심과 저녁 식사를 거르고 있다. 약도 먹지 않겠다는 것을 억지로 먹게 하였다.

온종일 말이 없다. 하도 답답해서 배선실에서 냉수 한잔 마시고 병실로 돌아왔더니 간호사님이 계신다. 동생이 수면제 처방을 요구해서 수면제를 갖고 온 것이란다. 오늘은 세상 모든 것이 싫어서 그냥 잠이라도 자고 싶어서 수면제를 달라고 했다고 한다.

수면제의 힘을 빌릴 만큼 힘든 상황임을 몰랐다. 그저 옆에서 있어 주는 것이면 다라고 생각했는데, 동생의 마음까지 알려고 하지 않은 내 자신이 미워진다. 미안하다는 말이 무슨 소용이 있겠냐만 그래도 미안하다는 말이라도 해야 할 것 같아서 몇 번을 미안하다고 말했다. 그리고 조금만 더 참아보자고 말했다.

수면제는 다시 간호사님께 돌려주었다. 수면제의 힘을 빌리기 시작한다면 앞으로 얼마를 더 찾아야 할지 기약이 없는 일이기에 멀리 하는 것이 옳다는 생각이다. 동생도 이 부분에 대한 생각은 나와 같은 것 같다.

잠시 힘든 시간이다. 물론 이 또한 지나갈 것이기에 이 힘든 시간은 기필코 내일로 가는 보약이라고 생각을 하자. 동생과 다짐을 한다. 기필코 희망은 있고 그것은 그리 멀지 않은 곳에서 우리를 기다리고 있다는 것을 믿음으로 간직하자는 다짐을 한다.

믿음의 크기를 키운다면 기다리는 시간의 힘든 과정이 조금은 줄어들 것이란 생각이다. 혈소판 수혈 불응증! 이 또한 이겨내리라 다짐한다. 오늘 하루 길고 힘든 시간이었지만 그래도 마무리는 행복함으로 종결되고 있다. 희망으로 가는 과정이라는 확신을 키우면서 하루를 마무리하고 있다.

:: 44일째, 6월 30일 ::

퇴원을 말하다

폭풍 같은 하루를 보내고 희망찬 새날을 맞이한다. 비 온 뒤에 땅이 굳어지듯이 모든 것이 좋고 나쁨이 한 방향으로 흘러가지는 않는 것이라 생각한다. 물론 지나온 시간을 거슬러 올라가는 일이야 있겠지만, 때론 고통도 약이 되는 법이다.

어제의 고통이 오히려 약이 되는 인생이라서 살만한 세상인지도 모르는 일이다. 어제의 일은 과거일 뿐 결코 미래가 아니다. 그것을 알기에 기운을 내고 자리에서 일어난다. 어제는 어제의 일일 뿐 오늘에 귀속하는 것이 아니라는 확신으로 살아온 지난 10년의 세월이었기에 오늘은 또 다른 내일을 위한 과정이고, 그 어떤 고난도 지나가는 것이기에 감히 희망이란 이름으로 하루를 시작하고 있다.

101병동의 여느 때와 같은 하루를 시작한다. 지난 시간의 고통이 크면 클수록 오늘을 살아갈 더 큰 힘이 생기는 것이라는 믿음으로 힘찬 하루를 시작하고 있다.

배선실에서 마실 물을 끓이고 있었다. 호출을 받고 병실로 돌아오니 전임의 선생님이 계신다. 퇴원을 말씀하신다. 어제의 엄청난 폭풍의 결말치고는 너무 과한 해피 엔딩이란 생각을 잠시 하고 있다. '혈소판 수혈 불응증' 이 확인되긴 했지만 회복되는 과정이고 너무 심각하게 받아들이면 안 된다는 말씀을 하신다. 현재 혈색소, 백혈구, 과립구, 혈소판의 수치가 회복 상태에 있고 안정적인 진행 상황을 보여주고 있으므로 내일 교수님 회진 시 검사 결과를 보고 퇴원을 결정하자는 말씀을 하신다.

얼마나 기다려온 퇴원이었던가! 실감이 나지 않는다. '내일 결과를 보고' 라는 단서가 붙었지만 퇴원이란 단어를 듣기까지 지나온 과정의 무게가 얼마인가!

긴 기다림은 행복을 전해주고 있는데, 그 행복의 크기를 감히 가늠할 수 없어 어리둥절하고 있는 것이다. 전임의 선생님이 병실을 나가신 후 주치의 선생님을 찾아뵙고 다시 한 번 더 여쭤본다. 전임의 선생님과 같은 말씀을 하신다. 내일 교수님 회진 시 최종 결정을 내리자는 말씀이다.

새벽에 꿈에서 심한 호통을 듣고 잠에서 깨었다. 잘 기억이 나지 않지만 누군가가 내게 큰소리로 호통을 쳤다. '조급한 마음을 버려라. 마음의 욕심을 버려라. 모든 것이 잘될 것이니 기다려라. 모든 사람들이 정성으로 희망을 기원해 주고 있으니 여유를 가져라.' 대략 이런 말을 들은 것 같다. 겉으로는 기다리고 있는 것처럼 하고는 속으로는 조급해했던 속마음이 들통이 나고 호되게 꾸지람을 들은 것 같다.

진실한 기다림이 필요한 것임을 깨우쳐준 지난밤이었다. 퇴원하게 되더라도 완쾌한 것이 아니며 얼마의 시간이 더 지나야 일상의 생활로 복귀할 수 있을지 모르는 일이다. 조급해하거나 불안해한다면 퇴원의 의미가 없음을 한 순간도 잊어서는 안 된다는 것을 일깨워준 것이라 생각한다. 조급함은 욕심을 부르고, 욕심은 집착을 유발시키며, 집착은 번뇌에 귀속함을 알고 그러하지 않도록 노력하는 것이 최선의 생활임을 각인시켜준 것이라 생각한다.

버리고, 비우고, 정리하며 살아가는 삶을 얼마나 충실히 이행할 수 있을지 고민이다. 어쩌면 흉내도 못 낼지 모르는 일이다. 결코 쉬운 일이 아니기에 그렇게 심한 호통을 들은 것이라 생각한다.

하기야 인생사가 쉽기만 한다면 무슨 살아갈 의미가 있겠는가! 고통 속에서 행복의 의미가 진가를 발휘하듯이 어려움 속에서 하나하나 해결해 가는 삶의 재미도 있을 것이라 확신한다.

내일을 기다리되 욕심내지 말자고 다짐한다. 그렇게 간절히 기다려온 시간이지만 결코 서두르지 말자고 다짐한다. 앞으로 얼마의 시간 동안 고통 속에서 좌절하고 눈물 흘릴지 모르는 일이지만, 욕심내지 않는다면 그 고통의 크기는 미미할 것이며, 고통의 끝에서 기다리는 행복의 크기는 창대할 것임을 믿는다.

퇴원의 시작은 오늘부터다. 병원에서의 생활을 조금씩 정리할 시점인 것 같다. 버리고, 비우고, 정리하고 병실 문을 나설 수 있도록 준비하자.

51

:: 45일째, 7월 1일 ::

준비의 시간

어젯밤은 뜬눈으로 밤을 보냈다. 욕심을 버리고자 그렇게 다짐했건만 오늘 검사 결과를 보고 퇴원을 결정하자는 말씀에 얼마나 긴장을 했던지 잠을 청할 수 없었다. 성인군자가 아니고 하루하루를 열정으로 살아가는 보통 사람인지라 욕심은 버렸지만 설렘마저 감출 수는 없었던 모양이다.

긴 밤을 뜬눈으로 지새운 병실에서의 아침은 상쾌함보다는 피곤함이 무게를 더하고 있다. 설렘의 크기가 과했나 하는 생각도 든다. 아침에 검사를 위한 채혈을 실시한 후 아침도 거르고 잠시 잠을 청하고 있다. 동생의 얼굴에 피곤함이 역력하다.

짧은 시간이나마 깊은 잠에 빠졌고 교수님 회진시간이 되어서야 일어났다. 혈액검사 결과가 손꼽아 기다려지는 시간이다. 어떤 결과가 나올지 궁금증이 극에 달하고 있다.

대한민국 최고의 병원인 서울대학교병원의 윤성수 교수님은 역시 다르다는 것을 실감하고 있다. 뜬눈으로 지새운 지난밤을 알고 계신 듯 엄숙히 말씀하신다.

"이렇게 긴장하거나 무리하시면 절대 안 됩니다. 잠은 충분히 주무셔야 합니다. 어제 제대로 잠을 못잔 것 같아요. 오늘 검사 결과 전체 수치가 많이 떨어졌네요. 일시적인 현상일 것이라 믿어요. 내일 재검사를 실시하여 수치가 정상치로 회복되는 것을 확인해야 안심하고 퇴원이 가능할 것 같아요."

절대 안정을 취할 시점인데 어젯밤에 잠을 못 잔 것이 큰 잘못임을 깨우치고 있다. 절대 안정이 필요한 시점임을 망각하고 하룻밤을 보낸 것이다. 교수님의 말씀을 절대 잊지 않고 생활의 철칙으로 어떠한 경우라도 지킬 것임을 다짐했다. 이것만은 꼭 지키자고 동생과 손을 꼭 잡고 다짐한다.

"돌다리도 두들겨 보고 건너라."라는 옛말을 떠올려 본다. 101병동에서 하루를 더 보내는 것은 틀림없이 퇴원에 부족함이 없는지 심사숙고하라는 것이라고 생각한다. 퇴원을 한다는 것은 결론이 아니라 새로운 시작이며, 하루하루를 소중하게 보내야 할 시간임을 확인시킨 것이라 생각한다.

절대로 무리해서는 안 된다. 절대 안정이 필요한 시간이다. 101병동에서 덤으로 주어진 오늘 하루는 내일을 위한 충분한 준비의 시간으로 보내야 한다.

퇴원 후 동생이 할 일과 내가 할 일이 많을 것 같다. 무엇을 준비할지 고민하고 생각하고 실천할 수 있는 시간을 부여한 것이라 생각한다. 지난 45일 동안 단 하루라도 마음 편하게 보낸 시간이 있었을까! 그래, 오늘 하루라도 편안한 마음으로 준비하는 시간을 보내자. 지나고 보면 오늘 또한 아름다운 추억이 될 것이라 생각한다.

:: 46일째, 7월 2일 ::

희망의 시작

편안한 밤을 보낸 오늘은 기필코 세상으로 복귀하는 날! 46일 만에 평범한 일상으로 복귀하는 날이다. 구태여 검사 결과를 보지 않아도 될 것 같다.

5월 18일, 여행용 가방 2개를 들고 101병동을 들어왔다. 46일이 지난 지금은 챙겨갈 이삿짐이 많이 늘었다. 퇴원 명령이 난 후 짐을 챙기기 시작하면 퇴원이 늦을 것 같다는 생각에 아침부터 조용히 짐을 옮기기 시작한다.

부산에서 서울로 달려온 승용차는 병원 주차장 지하 1층에서 46일 동안 주인을 기다리고 있었다. 혹시나 하는 마음으로 시동을 걸어보았는데, 아니나 다를까 방전이 된 상태다. 아침 일찍 서둘러 차에 내려온 것이 다행이다. 보험회사에 전화해서 출동 서비스 신청을 했다. 10분이 지나지 않아 서비스 기사님이 도착했다. 운행 중에 시동이 꺼지면 큰일이다. 배터리를 새로 교체하고 차량 외부 먼지도 닦아낸 후 몇 번을 더 병실을 오가면서 짐을 날랐다. 무슨 짐이 이렇게 많이 늘었는지 신기할 정도다. 아무리 봐도 더 버릴 것은 없는데 트렁크를 채우고 뒷좌석까지 꽉 채운 후 짐을 옮기는 일이 마무리되었다.

다행히 혈액검사 결과가 양호하게 나왔다. 주치의 선생님이 병실에 오셨다. 완쾌된 것은 아니지만 시간을 두고 기다리면 회복될 것이라는 기대로 오늘 퇴원을 확정해 주신다. 당분간 일주일에 2회씩 외래 진료로 윤성수 교수님을 뵙고 진행 과정을 관찰하게 되며, 혹시 그 사이에 비상 상황이 발생하면 즉시 응급실로 와야 한다고 말씀하신다. 동생이 부산에서 생활하니 걱정하시는 모양이다. 당분간 동생은 서울에 있을 것이라고 말씀드리니 안심하신다. 환자를 아끼는 선생님의 마음이 느껴진다.

약을 처방받고 필요한 서류를 발급받으면 오후가 될 것이다. 그래서 점심 식사를 하고 퇴원하기로 했다. 사실 지금 중곡동 집에 가도 점심 식사 할 여건이 안 된다. 중곡동 집에 가면 할 일이 태산이다. 청소만 해도 오늘 하루해는 다 갈 것 같다.

동생은 101병동에서 가장 맛있는 점심을 먹는다. 오늘도 난 다이어트를 하고 있다. 46일 동안 8kg이 빠졌으니 제대로 다이어트를 한 셈이다. 7년 동안 회사에서 강의하고 좋은 분들 만나면서 늘어난 인맥만큼이나 허리둘레가 늘어나 걱정을 많이 했었는데, 동생 덕분에 걱정거리를 날려 보냈다. 다이어트 덕분에 필요 없는 뱃살을 말끔하게 정리하고 집으로 돌아간다.

히크만카테터를 제거하고 퇴원하기를 간절하게 원했으나 현재의 혈소판 수치로는 제거할 수 없는 상황이다. 실망하는 모습이 안쓰럽다. 혈소판 수치가 회복되는 즉시 제거하자는 약속으로 평상심을 되찾는 것 같다.

퇴원 후 제일 중요한 일이 히크만카테터 관리와 약 복용이다. 히크만카테터 관리 방법에 대해 동영상 교육을 받고 추가로 간호사님께 설명을 들었다. 약 복용에 대해 상세한 설명도 들었다. 앞으로 중요한 일과가 될 것임을 실감하고 있다. 퇴원 후 먹을 수 있는 음식과 먹지 못하는 음식에 대해 자세하게 교육을 받았다. 조혈모세포 이식은 입원 중에는 '기다림의 시간' 이라면 퇴원 후에는 '음식 조절의 시간' 이라고 할 수 있다. 먹고 싶은 것이 있어도 당장 먹을 수 있는 것이 아니다. 긴 시간을 음식 조절에 성공해야 완쾌할 수 있다.

퇴원을 위한 교육은 모두 끝났다. 5월 18일, 101병동 입실 교육을 받을 때와 같은 느낌이다. 앞으로 헤쳐나갈 일이 많다. 물론 그날과 마찬가지로 기억을 다할 수 없다. 하나도 빠짐없이 모두 기록으로 남겼다. 하나하나 보면서 생활한다면 틀림없이 몸에 익숙해질 것이고, 그 시간이 쌓이고 쌓이면 완쾌할 수 있다고 생각한다.

동생이 옷을 갈아입는다. 환자복을 벗고 활동하기 편한 체육복으로 입었다. 앞으로 당분간은 착용할 덴탈 마스크는 그대로 착용하고 있다. 환자복에 마스크는 그나마 자연스러운 모습이지만, 체육복에 마스크는 왠지 어울리지 않는 것 같다. 이런 모습으로 길거리를 다니면 충분히 오해받을 모양새다. 하지만 어떠랴! 지금이 인생 최고의 시간이고 행복으로 충만한 시간임이 틀림없다.

3호실에 입원한 분들은 입원 기간이 길지 않았다. 101병동의 문간방이다 보니 입원 후 며칠 지나지 않아 병실을 옮겨갔었다. 많은 분들이 3호실에 입원하고 또한 많은 분들이 다른 병실로 옮기거나 또는 퇴원을 하셨다. 동생이 3호실 최장 기간 입원이라고 한다. 101병동 3호실 최장 기간 입원기록을 남기고 퇴원을 한다.

3호실을 지키고 계신 분들께 인사를 드린 후 간호사실에 들러 정중하게 감사 인사를 하고 101병동을 나선다. 그동안 정이 들었는지 많은 보호자들께서 배웅을 해주신다.

"다시는 101병동에서 만나지 말아요."

101병동의 고정된 인사말이다. 다시는 101병동에서 만나지 말자! 옳은 말이다. 만나서 차 한잔할 수 있고 막걸리 한잔할 수 있겠지만 절대로 101병동에서는 만나지 말아야 한다. 101병동을 빠져나와 주차장으로 향했다.

46일간의 주차비를 정산하고 병원을 나선다. 서울대학교병원 정문에서 신호대기를 하고 있다. 많은 차들이 눈앞을 빠른 속도로 지나가고 있다. 동생이 앞을 제대로 못 보고 있다. 비닐 커튼 속에서 생활하는 동안 빨리 움직이는 사물을 본 적이 없다. 46일 만의 세상 속으로의 복귀는 달리는 자동차마저 제대로 시선을 고정 못 하는 상황을 만들어 놓았다. 조금만 지나면 좋아질 것이라고 달래고 있다.

토요일 오후 서울시내는 정체 구간이 길어지고 있다. 비가 내리기 시작한다. 세상을 깨끗하게 씻어줄 비가 내리고 있다. 수없이 많은 차들 속에서 내리는 비와 함께 세상과 하나가 되고 있다. 지금 우리의 모습은 마치 따뜻한 보금자리를 떠나 험난한 세상으로 첫걸음을 내딛는 도전자의 모습이고 탐험가의 모습이라 생각한다.

중곡동 집으로 절반 정도를 왔을 때 병원에서 전화가 왔다. 동생 안경을 서랍 속에 두고 왔다는 전화다. 그러고 보니 동생이 안경을 착용하지 않고 있다. 병실에서는 안경을 벗어둔 채 생활했으니 잊고 올만도 하다. 사물함 제일 위 서랍에 두었는데 챙기지 못한 것 같다. 다시 차를 돌려 병원으로 향했다.

동생이 간호사님들께 커피를 사 드리는 것을 대리만족으로 느끼며 생활했는데, 오늘은 퇴원하겠다는 마음이 급해서 감사의 인사를 못 드리고 왔었다. 지금 차를 돌려 병원으로 향하는 당연한 이유가 아마도 여기 있는 것 같다.

병원에 도착하여 1층 매점에서 커피를 샀다. 아무리 마음이 급해도 할 일은 해야 도리임을 알려주는 것 같다. 웃는 얼굴로 간호사님이 반겨준다. 감사하고 죄송한 마음을 전한다. 정말로 마지막 인사를 드리고 병동을 빠져나왔다.

병원 정문에서 신호대기를 하고 있다. 이제는 동생이 지나가는 차를 보고 있다. 운전을 좋아하는 동생이 차를 제대로 못 보는 상황에 동생도 그리고 나도 할 말을 잃었다. 적응력이 강한 동생이다. 어느새 현실 세계에 적응을 하고 있다. 정말 다행한 일이다.

1시간을 달려 중곡동 집에 도착했다. 오랫동안 비워둔 집이라 청소가 급선무이다. 의료기 상사에서 구입해온 소독용 알코올로 방 청소를 시작했다. 그나마 단칸방이라 다행이다. 방이 몇 개나 되었으면 큰일 날뻔했다.

차에서 기다리고 있던 동생은 청소가 끝나고 방으로 들어왔다. 좁지만 행복을 주는 보금자리다. 중곡동 단칸방에서 희망은 시작되고 있다. 그 희망을 위해서 동생과 나는 최선을 다할 것이다. 그리고 기필코 희망을 만끽할 것이다. 그날이 올 때까지 달리고 또 달릴 것이다.

에필로그

7월 2일 퇴원 후 세상 속으로 완전한 복귀를 시도하고 있지만 그러하지 못하고 있습니다. 퇴원 후 서울대학교병원 외래 진료에 온 정신을 집중하고 있고, 더욱더 민감해진 동생의 간병으로 시선을 다른 곳으로 돌릴 여유가 없었습니다.

많은 분들을 알고 지내는 것이 인생을 바꿀 수 있는 가장 빠른 지름길이라고 생각하며 살았습니다. 하지만 그보다 더 중요한 것은 자신과 가족의 건강이고, 이를 바탕으로 사회생활이 존재할 수 있음을 101병동을 통해 깨닫게 되었습니다.

지금은 직장에 복귀하여 병원, 사무실과 집을 오가는 생활에 충실하며 생활하고 있습니다. 어떤 분은 저에게 세상과 동떨어진 '자연인의 삶' 을 살고 있다고 말합니다. 돌이켜 생각해 보면 '자연인의 삶' 이 잠재된 '내면의 자아' 가 아닐까 심각하게 고민하고 있습니다.

간혹 세상 이야기가 궁금할 때 담소를 나눌 분들이 있어 한결 마음이 가볍습니다. '한양대 시크릿' 모임이 그러합니다. 한양대학교 행정 · 자치대학원(야간, 현 공공정책대학원)에서 동문수학한 인연을 소중하게 이어가라는 교수님의 말씀에 따라 결성한 모임으로, 바라고 희망하는 일이 이루어질 수 있도록 상호 간의 조력자가 되어주는 모임입니다. 소희섭 회장님을 비롯한 구옥회님, 박화인님, 정준호님, 우경하님, 장규현님, 이재민님, 유희수님, 손현례님, 조윤정님, 장신화님, 강민정님, 김정수님, 조현옥님, 최상훈님, 정병채님, 문희강님, 임난희님을 비롯한 회원 전원의 각별한 정성이 있어 항상 마음의 위안이 되어주고 있습니다. '한양대 시크릿' 회원님들께 항상 감사한 마음입니다.

또 다른 기다림의 시간 동안 직접 찾아뵙고 더 많은 모임과 더 많은 분들께 감사한 마음을 전할 수 있기를 간절하게 바랍니다. 구태여 욕심내지 않아도 충분히 가능한 일이라 생각합니다.

101병동에서 기다림에 익숙한 시간을 보내며 '욕심'이라는 단어를 마음속에서 지워보는 연습을 했습니다. 집착에서 욕심은 시작되는 것이고, 욕심은 번뇌를 가져오는 것이기에, 집착을 버리면 욕심도 번뇌도 사라지는 것임을 조금이나마 알게 되었습니다.

많은 분들을 찾아뵙고 보내주신 관심과 배려에 감사의 말씀을 전하고 싶은 간절함 또한 욕심의 시작일 것이라 생각합니다. 인생을 살다 보면 볼 사람은 보고, 만날 사람은 만날 수 있다는 어르신들의 말씀을 감히 알 수 있을 것 같습니다.

살아가는 현실이 힘들고 답답하여 인생을 바꿔 볼 욕심으로 2009년 10월에 보잘것없는 책 《운명보다 강한 열정》을 출간했습니다. '운명보다 강한 열정'이 있어야 그 끝을 가늠하기 힘든 삶의 과중한 무게를 견딜 수 있다는 생각에 출간했고, 또한 '운명보다 강한 열정'이 삶의 가치라고 생각하며 살아왔습니다. 지금도 그 마음에는 변화가 없습니다. 지난 세월 병원비와 생활비에 힘겨운 시간을 버틸 수 있었던 것은 오로지 '운명보다 강한 열정'이 있었기에 가능했다는 생각에는 변함이 없습니다.

101병동에서 기다림으로 보낸 46일 동안 얻은 것이 있습니다. '운명보다 강한 열정'이 결코 '조급한 열정'이 되어서는 안 되는 것임을 알게 되었습니다. '조급한 열정'이 아니라 '기다림의 열정'이 앞으로의 제 삶의 가치를 만들어줄 것이라고 확신하게 되었습니다. 욕심에 치우친 '조급한 열정'이 아니라 욕심을 버린 '기다림의 열정'으로 살고자 다짐합니다.

주어진 현실에 만족하는 삶을 살며 욕심을 버리자고 동생과 약속했습니다. 그렇다고 삶에 대한 '열정'을 버리는 것은 결코 아닙니다. 욕심을 버린 '기다림의 열정'으로 살아보자고 약속했습니다. 퇴원 후 석 달 동안 욕심을 버리는 연습을 했습니다. 이제는 마음이 조금씩 편안해지는 것을 느끼고 있습니다. "버려야 채울 수 있다."라는 진리를 배워가고 있습니다. 무엇이 꼭 되겠다는 간절한 욕심을 버리고 소중한 '희망 하나'를 채워보았습니다.

'기다림의 열정'으로 채운 소중한 '희망 하나'는 동생에게 여자 친구가 생겼으면 하는 바람입니다. 정해진 시간을 두는 것은 결코 아닙니다. 언젠가는 동생에게 여자 친구가 생기고, 진심으로 서로가 사랑하여 결혼을 할 수 있기를 바라는 소중한 '희망 하나' 입니다.

제 삶의 모든 것을 버려서라도 소중한 '희망 하나' 가 이루어질 수 있다면 당연히 그렇게 할 것입니다. '조급한 열정' 이 아니라 '기다림의 열정' 으로 간절한 욕심을 버리고 소중한 '희망 하나' 를 위한 삶을 살아가고자 합니다. 주어진 오늘에 감사하며 행복한 마음으로 내일을 살아가겠습니다. 감사합니다.

2011년 10월

김창수

10년의 기다림

초판 1쇄 발행 | 2011년 10월 31일
초판 4쇄 발행 | 2012년 11월 26일

지은이 | 김창수

펴낸곳 | BOOK STAR
펴낸이 | 박정태
출판등록 | 2006. 9. 8. 제 313-2006-000198 호
주소 | 경기도 파주시 문발동 파주출판문화도시 500-8
광문각 B/D 4F
전화(代) | 031)955-8787
팩스 | 031)955-3730
E-mail | Kwangmk7@hanmail.net

ISBN 978-89-966204-6-4 13040

정가 | 10,000원